佛教造像

像影迴光

長江流域民俗文化與藝術遺存

胡彬彬　李方　著

湖南大學出版社

内容简介

国家出版基金资助项目“长江流域民俗文化与艺术遗存”丛书之一。

本书以唐以降至清末长江流域地区的佛教造像作为研究对象，并将其置于我国唐、宋、元、明、清各代不同历史时期的政治、经济、文化背景之下，将长江流域不同区域间的多元民族文化交融下的中国佛教造像艺术，做出较为全面系统的梳理，并对佛教造像程式与仪轨、造型与风格、材料与工艺等方面做出重点的研究与论述。书中列出近138幅佛教造像实物图片，均系作者20多年田野考察所得的珍贵资料。

图书在版编目（CIP）数据

像影迴光 / 胡彬彬，李方著. —长沙：湖南大学出版社，2013.7

（长江流域民俗文化与艺术遗存）

ISBN 978-7-5667-0372-9

Ⅰ. ①像… Ⅱ. ①胡… ②李… Ⅲ. ①长江流域—佛教—造像—唐代~清代—图集

Ⅳ. ①K879.32

中国版本图书馆CIP数据核字（2013）第142724号

长江流域民俗文化与艺术遗存

CHANGJIANG LIUYU MINSU WENHUA YU YISHU YICUN

像影迴光

XIANGYING HUIGUANG

作　　者：胡彬彬　李　方　著

文字编辑：程　诚

责任编辑：李　由

责任校对：全　健

责任印制：陈　燕

出版发行：湖南大学出版社

社　　址：湖南·长沙·岳麓山　　邮　　编：410082

电　　话：0731-88822559（发行部），88649149（编辑室），88821006（出版部）

传　　真：0731-88649312（发行部），88822264（总编室）

电子邮箱：liyou0731@126.com

网　　址：http://www.hnupress.com

印　　装：湖南天闻新华印务有限公司

开　　本：889×1194　16开　　印张：15　　字数：337千

版　　次：2013年7月第1版　　印次：2013年7月第1次印刷　　印数：1~1 000册

书　　号：ISBN 978-7-5667-0372-9/K·76

定　　价：148.00元

總序

胡彬彬

文明是指人類所創造的財富之總和，包括物質財富和精神財富。文明與文化既有區别又有聯繫。文明是文化的一種實踐成果，是文化的物質及精神方面的表現，可以影響文化的改變；文化是一種觀念，是文明的基礎，可以決定文明的命運。并非所有的文化都能結出文明之果，但任何一種文明，都以與其相稱的文化爲基礎。文化的變遷對文明的産生有很大的作用。

任何一個文明的興起壯大，都離不開水的滋養。例如，恒河滋養了印度文明，尼羅河滋養了埃及文明，底格里斯河和幼發拉底河滋養了小亞細亞文明，愛琴海滋養了希臘文明。中華文明也是如此。有學者指出：『中國文明起源的問題，從某種意義上也可以説是黄河流域和長江流域文明的起源問題。衹要對黄河、長江兩河流域文明的進程有個基本的了解，中國文明起源的問題就基本解決了。』❶由於諸多歷史原因，相當長的歷史時期以來，史學界都曾達成一種偏見共識，認爲衹有黄河滋養了中華文明。但是隨着越來越多的考古證據的出現，長江文明作爲中華文明的另一源頭，也越來越得到廣泛認可。❷季羡林先生總結説：『楚文化或者南方文化至少可以同中原文化并駕齊驅。』❸甚至在很多方面，長江文明都要早於黄河文明。長江文明區域之廣，文化遺址數量之多、密度之大、出土文物之多，都堪稱世界之最。特别是長江文明中的『稻作文明』，給東亞及世界以很大影響。當然，我們也不是要將長江流域上昇到中華文明的第一發祥地，而是要説明中華文明的多元性、兼容性和統一性，『研究長江文化正是爲了向世界展示中華文明的這一特點』。❹

這條世界長度位居第三的大河，發源於青藏高原的唐古拉山脉各拉丹冬峰西南側，全長六千三百餘公里。幹流流經青海、西藏、四川、雲南、重慶、湖北、湖南、江西、安徽、江蘇、上海十一個省級行政區域，於崇明島以東注入東海，自西而東，如一條巨龍蜿蜒曲折，奔騰於中國中部地區。數百條支流輻輳南北，延伸至貴州、甘肅、陝西、河南、廣西、廣東、浙江、福建八個

❶ 李伯謙：《長江流域文明的進程》，《考古與文物》，1997年4期。

❷ 范小平：《對長江文明的重新估價》，《中華文化論壇》，2003年第1期，第35–39頁；邱述學：《重構長江文明》，《西南民族大學學報（人文社科版）》，2008年第3期，第90–98頁。

❸ 季羡林：《中國古史應當重寫》，《群言》，1993年第6期。

❹ 葉書宗、馬洪林、朱敏彦：《長江文化與中華民族》，上海書店出版社，1996年，第5頁。

省區。長江流域以其獨特的地貌和廣闊的面積，蘊藏着豐富的自然資源。豐富的自然資源，又爲文明的誕生和演變創造了條件。

早在舊石器時代，中華民族的祖先就在長江流域這片地理環境優越的土地上生息勞作。考古學家們已經在這條大河流經的區域發現了大量中華民族『童年』的遺迹。在長江上游地區的雲南的元謀，發現了距今已有一百七十萬年歷史的元謀人化石，這是迄今爲止中國發現最早的屬於猿人階段的人類化石。此外，雲南麗江、四川資陽、湖北長陽，都出土了大量的早期人類化石和他們所使用的石器。這些距今都有十幾萬年至一萬多年了。

目前被學界所認可的長江流域史前文明，大致包括如下幾個地區：環太湖地區，主要由馬家浜文化（有羅家角遺址、馬家浜遺址、圩墩新石器遺址、常州果園遺址等）、崧澤文化（有崧澤遺址）、良渚文化（有良渚遺址、三皇廟村寺墩遺址）等組成；浙江地區，主要是河姆渡文化（有河姆渡遺址、田螺山遺址）；江西地區，有吴城遺址；湖南地區，有炭河里遺址、彭頭山文化、玉蟾岩遺址；湖北地區，有屈家嶺文化、石家河文化；四川地區，有大溪文化。

長江流域地區進入農耕文明階段的時間非常早，而且相當成熟。在世界其他地方包括黄河流域，還没有發現過類似的早於長江流域的文明。這充分突顯了長江流域在人類文明進展過程中的地位和作用。

夏商周時期，長江文明進入了一個新的高度，并成長爲幾種主要類型，包括三星堆文明、吴文化、越文化、楚文化等。文化總是在不斷的交流碰撞中成長，文明也隨之進步。早在三星堆出土的文物中，就留下了蜀地與中原相互交流的迹象。這就充分表明，没有任何一個文明是封閉成長的。此外，吴文化是中原的商周文化和吴地本土文化相融合發展的産物，越文化是中原的商周文化和越地本土文化相融合發展的産物，楚文化是中原的商周文化和楚地本土文化相融合發展的産物。

秦王朝統一中國之後，中華文明進入了一個大的融合期。長江流域早期的各種地域性文化，逐漸向外傳播，進而影響到整個中國文化。與之相應的，其他的文化也通過各種途徑影響着長江文明。長江文明與黄河文明等中國各大古代文明長期相互影響融合，成爲中華文明。不過，由於悠久的歷史，長江文明還是打上了深刻的地域烙印，始終保持着自身鮮明的特色。

國家形態的建立衹是文明社會的抽象概括，其載體或者説物化標志，則表現爲文字、青銅器、城市、宗教這四大類。❶換言之，文字、青銅器、城市和宗教，這是文明成熟的四項標準。

甲骨文已經被公認爲是中國已發現的古代文字中時代最早、體系較爲完整的文字。它主要發現於黄河流域的殷墟。殷商王室將文字刻寫於龜甲獸骨上，用它們來占卜記事。這些文字所記載的内容極爲豐富，涉及商代社會生活的政治、軍事、文化、社會習俗等内容，同時也包含了大量的天文、歷法、醫藥等信息。但是近年以來，學者們認爲三星堆出土的一些器物上的符號，也『是抽象化、綫條化的表意文字』。❷這説明長江流域出現文字的時間至少不會晚於黄河流域。

青銅器主要指用銅錫合金制作的金屬器物。青銅器中，除了銅以外，最主要的成分就是錫。錫是區別青銅和紅銅的重要依據。錫礦的産地主要分布於雲南、廣西、廣東、湖南和江西，也就是長江流域及其以南地區。在黄河流域，衹有内蒙古地區有少量錫礦。北方地區制作青銅器所需要的錫，絶大部分都來自長江流域。

在古文獻中，『城』和『市』是兩個概念。『城』的出現早於『市』。『城』是指有防御性圍墻的地方，《墨子・七患》記載：『城者，所以自守也。』❸『市』是商品交換之所，《周易・系辭》稱道：『日中爲市。致天下之民，聚天下之貨，交易而退，各得其所。』❹城市最初的形態是村落。在目前的考古發掘中，最早的且形態完整的村落和城市，都存在於長江流域。

宗教是人類社會發展到一定程度時所産生的一種文化現象，其主要特點爲：相信現實世界之外存在着超自然的神秘力量或實體，該神秘力量或者實體統攝萬物，擁有絶對權威，主宰自然進化，決定人世命運。一個現代意義上的宗教包括三個層面，其一爲宗教的思想觀念及感情體驗（教義），其二爲宗教的崇拜行爲及禮儀規範（教儀），其三爲宗教的教職制度及社會組織（教團）。

長江流域的先民，很早就開始了原始的宗教崇拜。林河的《中國巫儺史》一書，詳細地總結了人類的早期長江文明的各項輝煌成果，其中涉及宗教文化方面的文明成果有很多，如：以玉蟾岩遺址的『搓草紋』陶器爲標志的世界上最早的植物靈崇拜；以彭頭山遺址陶器上的陰陽縷孔爲標志的世界上最早的陰陽觀念；以彭頭山遺址陶器上的火靈出入孔道爲標志的世界上最早的火靈崇拜；以彭頭山遺址的日月紋陶器爲標志的世界上最早的日月崇拜；以彭頭山遺址的人形石與鳥形石爲標志的世界上最早的神靈崇拜；以高廟陶紋上的火鳳凰圖案爲標志的世界上最早的鳳凰崇拜……❺

這些早期的神靈崇拜，對長江流域宗教文化的影響至爲深遠。中國本土産生的最大的宗教道教，就起源於長江流域。而佛教傳入中國的一條重要路綫，也在長江地區。通過對長江流域一些出土佛像的精細考證，我們發現，『就佛的形態姿式、手印、頭光、服飾式樣而言，已具印度佛像的儀軌，且頗爲規範。其通肩式大衣，右手作施無畏印，則完全吻合印度西北之犍陀羅早期佛像的特徵。國内學界一般也都認定這些佛像是我國佛教造像初始期的遺物，因而彌足珍貴。』❻長江流域佛教造像的歷史定位，可以通過一組數據加以體現：北方最早的紀年佛像是後趙建武四年（338）金銅坐像，敦煌莫高窟開鑿於前秦建元二年（336），炳寧寺第169窟於西秦建弘元年（420）開始營建。而長江流域發現了延光四年（125）造像，至少領先北方兩百年之久。❼根據這些

❶ 安志敏：《試論文明的起源》，《考古》，1987年第2期，第20—26頁。安志敏提出：『大抵以城市、文字、金屬器和禮儀性建築等要素的出現作爲文明的具體標志。』關於文明的標準，最早於1958年由美國學者克拉克洪在芝加哥大學東方研究所召開的一次研討會上提出。1968年，英國學者格林・丹尼爾寫成《最初的文明》一書，把文明標準普及到全世界。克拉克洪和格林・丹尼爾認爲文明有三條標準：容納5000人口以上的城市、文字、複雜的禮儀建築。國内學者在此基礎上加上了一條標準：金屬器的使用。

❷ 段渝：《巴蜀古文字的兩系及其起源》，《考古與文物》，1993年第1期。

❸ 吴毓江撰，孫啓治點校：《墨子校注》，中華書局，1993年，第37頁。

❹ 高亨：《周易大傳今注》，齊魯書社，1979年，第561頁。

❺ 林河：《中國巫儺史》，花城出版社，2001年。

❻ 胡彬彬：《長江中上游地區的造像與佛教初始輸入的别徑》，《湖南大學學報（社會科學版）》，2007年第5期。

❼ 胡彬彬：《論長江流域早期佛教造像的古印度影響》，《湖南大學學報（社會科學版）》，2011年第9期，第117—122頁。

考古成果證明，佛教在長江流域的傳播要早於黃河流域。

以上的四個關於文明的標準——文字、青銅器、城市、宗教，都能在長江流域找到早期的實物遺存。可見長江對孕育中華文明的貢獻非常大。

目前的學術界，對中國古代文明的四個方面的研究，主要依賴於出土文物，它們普遍都是近幾十年以來文物考古的結果。然而，對流傳於民間村落中的那些實物遺存與文化和文明的關係的研究成果并不是太多。事實上，村落是由古代先民在農耕文明進程中，在族群部落的基礎模式上，進而因『聚族而居』的生產生活所需而建造的，具有相當規模、相對穩定的基本社會單元。村落與村落文化的內涵雖不盡相同，但關聯緊密。『文化』是個舶來詞，源自拉丁文『cultura』。這個詞的原始詞意具有耕種、居住、敬神等多重意義。由此可知，村落和文化的關系是非常緊密的，而且都是農耕文明的產物。村落是基礎，文化是內涵。同時，村落與村落原住民又是文化載體，文化又因載體不斷傳承和衍生。因而，我們現在將眼光轉向民間村落，來探討那些承載文明及文化成果的實物遺存，就顯得尤爲必要。

對於文明的四個標準，我們單獨提出對宗教進行研究。這是因爲，有關古代文字、青銅器及古代城市的研究，已經有大量成果問世。對古代宗教的研究，雖然也有汗牛充棟的著作，但是多表現爲對宗教的形成及其宗教義理的探討。對於宗教的另一個方面的實物遺存，即宗教藝術的研究，則大都停留在唐宋之前的佛教造像及壁畫的研究上。對於宋代以後的宗教藝術，尤其是存在於長江流域村落中的宗教遺存的研究，諸如水陸畫、道教造像及造像記，則幾乎處於缺失的狀態。作爲人類文明的四個標準之一的宗教，其遺存於村落之中的重要物證及其所反映的藝術學、民俗學信息，沒有得到很好的重視和研究。

事實上，在明清時期的民間信仰中，以道教、佛教爲主的長江流域宗教，已經和民俗文化融爲一體。道教本來就興起於民間，包含了上古時期的鬼神崇拜、巫史文化、民俗傳統、方技術數、道教思想等內容；而由印度傳入的佛教，在後來的本土化、世俗化、民間化過程中，也越來越成爲民衆生活中的一部分。即使在科學發展的今天，大量的民衆在遇到升學、疾病等生活中的重大事情，仍然有去寺廟燒香、抽簽的風氣。在民間，宗教成爲民俗文化的一部分。而大量的傳播宗教教義的雕塑、繪畫、建築等藝術形式，則成爲民俗藝術的一部分。越是深入研究長江流域明清以來的宗教藝術，就越是能深刻地感受到這一點。長江流域村落中的這些大量宗教與民俗相結合的藝術遺存，正是對出土宗教文物及摩崖造像等一系列宗教藝術的補充。村落文物與地下出土文物，共同組成了長江流域包含了民俗文化因素的宗教藝術。

基於此，我們特意編撰了這一套『長江流域民俗文化與藝術遺存』叢書。我們的研究對象，主要爲明清時期的實物，而且衹集中於民俗文化與藝術中與宗教相關的一部分，即與道教、佛教相關的藝術，包括長江流域道教造像、長江流域道教造像記、長江流域佛教造像、長江流域佛教造像記、長江流域宗教器物、長江流域宗教建築、長江流域水陸畫和長江流域寫經實卷，共八卷。

一、《道風遺韵》，主要涉及長江流域道教造像。道教造像是指造於廟堂、石窟等供道教信徒奉祀的神像。長江流域開鑿的道教大型石窟造像，遠遠超過了黃河流域。這是目前道教造像的主要研究對象。但是在本書中，對此衹是進行了文字性的整理，而將主要的視角放在小型的木雕或者泥塑造像的研究上。這些道教造像形態較小，材質普通，但是無不寄托着民衆對生活的美好祝願。

二、《祈福禳災》，主要涉及長江流域道教造像記。造像記，有時候又被稱爲『造像願文』。長江流域道教造像記以紙質或者絲織品爲載體，封存於造像的體內。撰寫的內容主要包括了以下六個方面：造像者籍貫和居住地址、造像者身份、造像對象、發願內容與造像原因、造像或者開光時間、造像工匠或者造像記書寫者的姓名。它們與黃河流域的敦煌及關中地區的造像記相比，格式上有了很大的不同。由於敦煌及關中地區的造像記以宋以前居多，長江流域發現的造像記以明清時期爲主，所以我們也將黃河流域的造像記視爲宋以前的風格，而將長江流域的造像記視爲明清風格。黃河流域造像記與長江流域造像記之間有一條明顯的由簡至繁、由粗漸精的發展脉絡。不僅道教造像記如此，佛教造像記也是如此。除了像尊名號的不同之外，佛教造像記和道教造像記之間，并没有其他明顯的形式差异。

三、《像影迴光》，主要涉及長江流域佛教造像。佛教傳入中土已經有兩千多年，佛教造像伴隨着佛教的傳播而擴展，也經歷了兩千多年的演變，成爲佛教在普通民衆中流布的主要方式。佛教因而也被稱爲像教。在長江流域，佛教造像石窟主要集中於上游的巴蜀地區，但是這些不是本書考察的重點。跟長江流域道教造像一樣，本書也將視野集中於小型的金屬造像或者木雕造像，時代也以明清造像爲主。

四、《祈願延綿》，主要涉及長江流域佛教造像記。關於佛教造像記，清代人王昶在《金石萃編》中已有評述：『綜觀造像諸記，其祈禱之詞，上及國家，下及父子，以至來生，願望甚賒。其餘鄙俚不經，爲吾儒所必斥。然其幸生畏死，傷離亂而想太平，迫於不得已，而不暇計其妄誕者。仁人君子，閱此所當惻然念之，不應遽爲斥詈也。』❶目前的造像記研究，主要歸屬於金石學的範疇，學者普遍考察其書法價值，很少關注其文字內容。長江流域中的佛教造像記跟道教造像記一樣，也以紙質或者絲織品爲載體，封藏於造像體內。雖然多爲下層民衆書寫，書法價值無法跟長江流域道教造像記相比，但其中所包含的大量民俗文化信息，却不可替代。本書以長江流域佛教造像記爲考察對象，在學術界尚未多見。

五、《器以載道》，主要涉及長江流域宗教器物。宗教器物又稱爲法器、佛具、法具或道具。廣義而言，凡是在道觀寺院內，用於祈請、修法、供養、法會等各類宗教法式的器具，皆可稱之爲法器。以用途來區分，大約可分爲莊嚴具、供養器、報時器、容置器、携行器及密教法器六種。宗教中的器物承載了太多的宗教文化意義，同時，也具有很强烈的民族裝飾風格。《器以載道》一書中，列舉了漢傳佛教、藏傳佛教及道教三大宗教的法器。

六、《法門妙築》，主要涉及長江流域宗教建築。流傳於華夏大地的本土宗教建築，以寺、廟、祠、觀、庵等爲主，它們如同一個個容器，以其巨大的感召力，將進入其間的民衆置入其特有氣氛的控制之中，使其靈魂找到一種皈依感。宗教建築經過

❶ 王昶：《金石萃編》，新文豐出版公司，1997年，第67頁。

了數千年的發展和演變，在宗教教理教規的浸染熏陶中，與各個地區各個民族建築相結合，形成了具有一定程式的建築形式。相對其他藝術形式而言，宗教建築的地域性最無可争議。該書的作者經過長時間的實地考察，拍攝了大量圖片，才彙成此書。其中的艱辛，難以爲外人所知。

七、《丹青教化》，主要涉及長江流域水陸畫。水陸法會是佛教寺院爲超度亡靈、普濟水陸一切鬼神而舉行的一種重要佛事，自金代至元、明、清時期盛行，至今不衰。它是『三教合一』大背景下産生與發展的民俗現象。水陸畫就是在這種水陸法會上所供奉的宗教人物畫，内容豐富多彩，具有濃厚的民俗性特徵，表現出了歷代民間繪畫事業的發展和特色。目前的水陸畫研究對象，都集中於黄河流域地區；對長江流域水陸畫的研究，才剛剛起步。

八、《經卷遺存》，主要涉及長江流域寫經寶卷。大乘佛教特别强調受持、讀誦及書寫經典的功德。《佛國記》中記載：『法顯住此二年，寫經及畫像。』❶佛教認爲寫經是一種修行，抄寫之前需要發願、盥洗理衣、沐手敬香。每抄寫一段就要停下來拜，虔誠之至。抄寫完成後念一段咒語，而後才將其供奉起來。而後，民間道教也有寫經的習俗。寶卷是由唐代寺院中的『俗講』演變而來的一種説唱文學形式。内容有佛經故事、勸世文、神道故事和民間故事，其基本傾向都是宣傳因果報因和修道度世，具有濃厚的宗教色彩。長江流域的寫經及寶卷，伴隨着佛教和道教的傳播，留下了大量的遺存，成爲我們研究宗教在民間傳播的珍貴資料。

值得强調的是，我們研究民俗文化和民俗藝術，應該離開書齋，進入田野進行考察。因此，湖南大學中國村落文化研究中心幾十年如一日，不斷地收集與之相關的文獻資料及實物遺存。本叢書所收録的所有水陸畫、道教造像記和佛教造像記的實物資料，全部都來自湖南大學中國村落文化研究中心；部分寫經寶卷、宗教器物、佛教造像和道教造像，也都得益於這一龐大收藏體系。唯一依賴於圖片資料的，祇有《法門妙築》一書。但是這本書的所有圖片，也都由湖南大學中國村落文化研究中心組織課題組進行實地拍攝，爲第一手資料。

因爲我們是首次對這一課題進行系統考察，因此在很多方面都尚未進行深入研究，而僅停留於資料的整理歸類。叢書的不足，顯而易見。但資料的收集和整理，是每一項課題進行深入研究的基礎和前提，缺乏這一過程，所有的研究都是空中樓閣。我們整理出版這些資料，正可爲將來更進一步的研究提供重要支撑。

對長江流域文明中的民俗文化與藝術的研究而言，本叢書的出版可謂微不足道，但對該課題的研究而言，總歸是聊勝於無。希望本套叢書的出版能够抛磚引玉，喚起更多的學者加入到『長江流域文明』這一宏大課題的研究中來。

2013年5月

❶ 章巽：《法顯傳校注》，上海古籍出版社，1985年，第147頁。

目録

上編　佛教造像綜論

第一章 綜論

宗教是人類文化的重要組成部分，在傳播過程中，必然會呈現出一定的地域特徵。而宗教造像，作為宗教文化的重要物質遺存，更是地域民族文化的主要載體之一。本書所提到的長江流域，涵蓋了青海、雲南、貴州、四川、甘肅、陝西、河南、湖北、湖南、江西、安徽、江蘇、浙江、廣東、福建15個省和西藏、廣西2個自治區以及1個直轄市上海，其中包括14個民族自治州和32個民族自治縣，有土家族、苗族、彝族、侗族、藏族、回族、布依族、白族、瑤族、仡佬族、納西族、傈僳族、羌族等少數民族，主要分佈於長江中上游地區。書中所羅列的佛教造像，尤以長江中游地區所涉最多。本書對不同區域間的多元民族文化交融下的佛教造像，從程式與儀軌、組合與一般供設程式、材料與工藝、造型與風格等方面，做出較為全面系統的梳理研究與論述。

佛教自漢代傳入我國，其造像藝術於南北朝時期趨於成熟。《宋書・戴顒傳》云：『自漢世始有佛像，形製未工，逵特善其事。』任何一種文化藝術，都是根植於其所處的時代與地域文化背景當中的。中國佛教藝術的發展，從某種程度上來講，是其與本土文化藝術相互滲透、交融的過程。一方面，傳統的婚喪習俗、神靈信仰及衣飾文化等，無不深深地影響著佛教藝術；另一方面，佛教藝術又不斷地滲入到民族民俗文化中。最終，佛教藝術尤其是佛教造像藝術，被改造成具有中國本土文化特色的造像藝術，成為了我國傳統文化的重要組成部分，期間經歷了漫長的改造和演進過程。佛教造像最初有『佛像不可造作』的宗教觀念，而在佛教被世俗化之後，卻以海量存於中國南北各地民間。近年來通過田野考察以及相關文獻的查證與研究得出，各種具有地域特色的佛教造像，從造像形式、程式、儀軌到造像本身所具有的宗教與文化功能，無不具有其鮮明的地域性、民族性，也不乏多種宗教、不同信仰並存的現象。

我國最早的有明確紀年的佛像是出土于重慶豐都縣的東漢延光四年（公元125年）搖錢樹青銅佛像，佛像藝術發展到現代，有近兩千年的發展歷程，留下了諸多寶貴的佛教藝術遺產。其中已出土的自東漢到西晋末年的佛像，多數發現于長江沿綫。根據長江流域陸續發現的這些漢至西晋時期的佛教造像遺存（搖錢樹、魂瓶上的佛像等），諸多學者認爲，我國南方是印度佛教最早的傳播區域之一，也極有可能是中國佛教造像的萌發地，并提出了佛教造像初傳我國，既不在絲路也不在水路，而是在長江流域的設想。關于早期佛教造像初傳我國的通道，阮榮春在《早期佛教造像的南傳系統》中認爲：『從時間上看，可以將中國早期佛像的發展粗分爲三個階段。第一個階段爲漢末西晋，這個時期的佛像或受佛教影響的類似佛造像，幾乎全部分佈在長江及運河沿綫一帶；第二個階段爲十六國至北魏統一前，其時，西域大批僧人東來，因戰亂，受阻于涼州，紛紛由川蜀進入吴地，而天竺、師子等國屢向東晉劉宋獻佛像，顧愷之、戴逵等佛教藝術大家活躍于時；第三個階段即南北朝時期，北方造像興隆，此期以雲岡、龍門爲標志，南方則出現了栖霞山千佛崖。』❶由此來看，在第一個階段中，北方佛教造像是呈空白狀態的，在第二個階段中，中原佛教造像也并没有多大的發展，在炳靈寺和麥積山所見的一些早期佛像，也不過是佛教南傳系統乘虚而入的結果。任繼愈在《中國佛教史》中也認爲四川佛教更大可能是通過雲南傳入的。其實，在我國最早提出佛教南傳系統的是梁啓超，他指出佛教是經緬甸由海路傳入的，但在路綫上没有具體的論證。事實上，我們就三國、西晉時期佛教造像的分布情况來看，就已勾畫出了一條以長江流域爲主綫，繼而由西向東的流勢圖。由佛教的南傳之路分析，南方長江流域的佛教造像確實引領了中國佛教造像在審美觀上的變化。由四川麻浩、柿子灣、彭山的早期佛教造像來看，長江上游地區的佛教造像，在造像的程式、儀軌方面，的確是更接近于標準化，應爲印度佛教傳入我國最早且最主要的區域之一。據統計，我國長江流域迄今發現的三國、兩晉時期的佛像，多達六十餘處，而在同時期的北方，却未見有早期的佛像遺存。所以，長江流域佛教造像，作爲我國南方佛教造像的代表，無論是在佛教初始輸入的時間上還是其自身特殊的地域文化特色方面，都是我國佛教造像的一大特色。

最初的佛教造像舉著神仙方術的旗幟，憑藉其宣揚的消災、避邪功能，一時間在民間廣受推崇。《後漢書》卷七十二記載有：『浮屠，佛也，西域天竺國有佛道焉。佛者，漢言覺也，將以覺悟群生也。其教以修慈善心為主，不殺生，專務清淨。其精者為沙門。沙門，漢言息心也。蓋息意欲去，而歸於無為。』民眾接受了這種佛教信仰，卻對佛教教理、教義瞭解甚微。至西晉的兩尊獨立供奉的佛教造像，是佛教信仰擺脱神仙方術而獨立存在的代表。自此，開始了我國與佛教義理和造像儀軌密切關聯的佛教造像藝術。佛教繼而提倡人人有佛性，人人都可以成佛，許多的清流士大夫開始了佛教藝術的創作，比如創造了『二戴像製』的東晉雕塑家戴逵與其子戴顒，把印度的梵像改造成為了『中國式』的佛教雕塑。此外，還有顧愷之、陸探微、張僧繇等人的佛教繪畫，極大地影響了佛像中國化的進程，有『張得其肉，陸得其骨，顧得其神』之説。顧愷之所畫的維摩詰像，將維摩詰的病容以及在病中與人對談時的神色表現得淋漓盡致，有『清羸示病之容，憑几忘言之狀』之評，體現了外來佛教藝術與本土藝術的結合；陸探微的繪畫追求的是清麗瘦勁、神清氣遠，後人稱其『筆跡勁利，如錐刀焉』；張僧繇將印度的繪畫技法與中國繪畫相結合，一改『秀骨清像』的風格，畫中人物形象較為豐腴，『筆才一二，而像已應焉，因材取之，今古獨立』（《歷代名畫記》）。南北朝時期是我國歷史上大動盪大融合的時期，佛教信仰成為民眾精神上極大的慰藉，佛教和佛教藝術較為繁盛。隋唐盛世時代，吳道子和周昉在佛畫界影響很大，善於宗教

❶ 阮榮春.早期佛教造像的南傳系統.中國南方佛教造像藝術.朵雲第六十集.

壁畫的吳道子，傳世有寺廊壁畫三百餘件、一百多件卷軸畫；擅長宗教畫的周昉，創造出了『水月觀音』這一惟妙惟肖的觀音形象。隋唐佛教『大乘八宗』（律宗、三論宗、淨土宗、禪宗、天臺宗、華嚴宗、法相宗、密宗）之一的禪宗成為一枝獨秀，然而，隨著禪宗對學術思想和文化藝術的影響逐漸深刻，佛教造像藝術日益衰落。五代兩宋時期，佛教讓位於道教，高堂巨壁的佛像藝術隱退，之後的元明清時期，佛教造像藝術趨於世俗化，其中觀音造像和羅漢造像較為顯著，民間供奉，以觀音居多，且常與地方性的民俗神祇以及風土習俗相關聯。

據文獻記載，印造佛經佛像有十大利益：『一、從前所作種種罪過，輕者立即消滅，重者也得轉輕。二、常得吉神擁護，一切瘟疫、水火、盜賊、刀兵、牢獄之災，悉皆不受。三、夙世怨對，咸蒙法益，而得解脫，永免尋仇報復之苦。四、夜叉惡鬼，不能侵犯；毒蛇虎狼，不能為害。五、心得安慰，日無險事，夜無惡夢，顏色光澤，氣力充盛，所做吉利。六、至心奉法，雖無希求，自然衣食豐足，家庭和睦，福祿綿長。七、所言所行，人天歡喜，任到何方常為多眾傾城愛戴，恭敬禮拜。八、愚者轉智，病者轉健，困者轉亨，不願為婦女者，報謝之日，捷轉男身。九、永離惡道，受生善道，相貌端正，天資超越，福祿殊勝。十、能為一切眾生，種植善根。以眾生心，作大福田，獲無量勝果，所生之處，常得見佛聞法，直至三慧宏開，六通親證，速得成佛。』❶而且廣大信眾相信諸佛、菩薩具有仁慈的胸懷以及無窮大的威力，能夠解救世間疾苦，接引眾生往生極樂世界。因此，信眾在面對困苦時選擇祈禱敬奉佛教神祇，希祈得到諸佛、菩薩的庇佑。

佛教流播於長江流域，便與該流域內各個地區豐富多彩的區域文化融合，衍生出極具特色的區域佛教文化，此亦體現於佛教造像中，共同構成絢麗多姿的文化藝術。在多元文化的碰撞與輻射下，佛教造像藝術呈現出相互吸納、改造、滲透、交融的局面。佛教造像，一方面承載了佛教自身豐富的文化內涵，另一方面又寄託著虔誠信眾豐富多樣而又現實功利的諸多美好願望。尋根意識的追溯、英雄意識的展現或是生殖意識的驅動，種種信仰與價值觀念，成為了長江流域佛教造像的文化根源。不同區域間，佛像的造型方式異彩紛呈，呈現出佛教造像鮮明的地域性和承襲性。

長江流域的佛教石窟造像，相比北方起步較晚。居於長江上游地區的四川，在北方石窟造像接近尾聲之際，才開始興起石窟造像。不同於北方以上層政治和精英文化為主導的石窟造像遺存，長江流域的佛教石窟造像更趨向於世俗化，體現的多是基層信眾的信仰狀況。

佛教造像，包括諸佛、菩薩、羅漢、明王、諸天像等。『佛教早期沒有佛像的製作，認為製作佛像是對佛的褻瀆。公元前後，始有佛像出現，不少大乘佛典講造像的功德。佛像從形式分有如下幾種：（1）雕塑像：包括鑄像、鎚鍱像、木像、石像、泥塑像、夾紵像、紙泥像、磚像、蠟像等。畫像：包括絹或紙上的畫像、壁畫、刺繡、織像等。鑄像又分金像、銀像、金銅像、鍮石像、鐵像等。（2）從姿態分，有立像、坐像、倚像、臥像、飛行像等；從高度分，有丈六像（一丈六尺）、半丈六像、六佛像（六丈以上）、等身像（與發願造像者等高）等。（3）

佛如來像一般是出家男相，身著袈裟，而不戴寶冠、瓔珞；也有裸身的誕生佛（佛誕生時右手指天、左手指地）；菩薩像或作男相，或作女相，一般是頭戴寶冠、瓔珞的在家居士形象；羅漢像是出家比丘相；明王像呈忿怒相；諸天像或身著武裝，或女形，或神形，或鬼形，或童子形。至於佛菩薩像的印契（手勢）、持物、身色、衣色等，也很不相同。』❷

第二章　長江流域的佛教文化背景

在我國，長江流域文化和黃河流域文化是多元一體的中華文明體系中兩支最有代表性與影響力的主體文化。在此，按照長江流域範文化體系的界定，將長江流域的佛教文化背景分為以下十個文化區加以探討。

一　巴蜀文化區

巴蜀文化區，即重慶和四川文化區。處於長江上游的巴蜀地區，為我國大西南地區的腹地，有『天府之國』之稱，是我國佛教文化傳播的重要地區之一，宗教歷史悠久、教派齊全且信徒數量頗多，民間流傳有『言禪者不可不知蜀』之說。佛教傳入巴蜀地區的時間可以追溯到東漢時期，有漢語系佛教與藏語系佛教之分。在南北朝時期，一方面中原戰事緊張，而巴蜀地區較為安定，因此在當時有大量的高僧入巴蜀；另一方面，南朝的許多帝王信奉佛教，更加速了巴蜀地區佛教的發展。據載，在劉宋時巴蜀地區的僧尼有上萬人之多。接下來隋唐至宋，為我國佛教發展的鼎盛時期，巴蜀地區佛教亦然，特別是禪宗的發展尤為興盛。巴蜀地區於唐代曾出現過幾位對全國佛教發展起過重大作用的高僧，『資州（今資陽）的智詵，是禪宗五祖弘忍的弟子，什邡的馬祖道一、簡州（今簡陽）的德山宣鑒、西充的圭峰宗密等都是聞名全國的禪宗大師。玄奘法師在唐初曾入川求學，並於唐武德五年（公元622年）在成都受戒。唐中宗曾詔益州慧義寺清虛入宮祈雨；唐玄宗入蜀時應僧人之請，敕建成都大聖慈寺；唐僖宗曾詔休夢禪師問法，並賜額改建元寺為昭覺寺，後來避亂入蜀時又詔知玄問法，並賜號「悟達禪師」，賴建新都寶光寺及舍利塔。』❸宋一統中原以後，禪宗的發展態勢很好，巴蜀地區有很多的官吏、士大夫都兼修禪宗佛理，因此，巴蜀地區一直是我國禪宗發展的重要基地之一。據文獻記載，在宋太祖開寶四年（公元971年），四川成都刻印出了我國的第一部雕版《大藏經》，即《蜀藏》。明末清初是巴蜀地區佛教發展的第二個興盛期，而在當時的其他很多地區，佛教的發展速度都並不可觀，故巴蜀地區佛教的興盛顯得較為突出。清代康熙、雍正、乾隆年間，曾對峨眉山、文殊院、昭覺寺等著名叢林多有敕賜，同時有各任督撫鼓勵寺院建設，地方對建廟修寺也有很大的熱情，這些都是巴蜀地區佛教發展昌盛的保障。只是在清代中期，巴蜀地區的大

❶ 唐西天竺沙門伽梵達摩譯.千手千眼觀世音菩薩廣大圓滿無礙大悲心陀羅尼經.

❷ 任繼愈主編.宗教詞典.上海辭書出版社.1983年5月.

❸ 吳霞、岳鈞、向麗.四川省佛教文化旅遊資源現狀分析與對策.資源開發與市場.2012.

小寺廟就達萬餘座，其中峨眉山有100餘座，在全國都屬罕見。據相關部門統計，目前四川仍開放有寺院1828處，有僧尼57140人，含813處藏傳佛教院，53310人藏傳佛教僧尼。巴蜀地區漢語系的佛教寺院主要分佈於四川盆地及周邊，最著名的是禪宗淨土宗叢林。四川峨眉山市有我國佛教四大名山之一的峨眉山，據說是普賢菩薩的道場，有伏虎寺、報國寺、華藏寺、萬年寺等26座寺廟。成都有昭覺寺、大慈寺、文殊院、石經寺、靈泉寺、新都寶光寺、廣元皇澤寺、遂寧廣德寺、平武報恩寺、綿陽聖水寺、樂山烏尤寺等一批著名的佛教寺院。巴蜀地區藏語系佛教包括了藏傳佛教五大教派（紅教寧瑪派、噶當派、花教薩迦派、白教噶舉派、黃教格魯派）以及在藏區都已經絕跡的覺囊派等教派，主要分佈區為甘孜、阿壩、涼山三州。

巴蜀文化區的佛教藝術主要有寺觀壁畫和摩崖石刻造像。該區域內寺院頗多，因而佛教壁畫的數量也不在少數。例如被稱為『震旦第一叢林』的成都大慈寺，又名大聖慈寺，創建於唐肅宗至德二年（公元757年），數量頗多、內容頗豐的佛教畫像『皆一時之絕』。宋元祐二年至五年，成都知府李之純在《大聖慈寺畫記》中有記『舉天下之言唐畫者，莫如成都之多，就成都較之，莫如大聖慈寺之盛。總九十六院，按閣、殿、塔、廳、堂、房廊無慮八千五百二十四間，畫諸佛如來一千二百一十五，菩薩一萬四百八十八，帝釋、梵王六十八，羅漢、祖僧一千七百八十五，天王、明王、大神將二百六十二，佛會經驗變相一百五十八，諸夾紳雕塑者不與焉。』此外，在劍閣昭覺寺和蓬溪寶梵寺也有不少的古代佛教壁畫遺存。

巴蜀地區隋唐之前的石刻佛像題材內容相對簡單，比如現存於四川省博物館的在川西茂縣發現的南齊永明元年的阿彌陀佛佛龕。位於廣元城北5公里嘉陵江東岸的千佛崖，為四川境內規模最大的石窟群，始造於北魏時期，是在南北長200餘米、高45米的峭壁上，佈滿了13層的造像龕窟。根據清咸豐四年的碑文記載，千佛崖造像數量達『一萬七千有奇』，堪稱奇觀。目前還存有龕窟400餘個以及造像7000餘尊。在成都的萬佛寺也出土過石刻佛像12尊，其中以梁武帝普通四年的釋迦造像龕年代為最早。巴蜀地區唐代的摩崖造像以蒲江、邛崍地區的最為豐富，蒲江的摩崖石刻造像有龍拖灣造像、石馬庵造像、鬬子門造像、貓兒洞造像、看燈山造像、尖山寺造像、鹽井溝造像、石馬溝造像、雞公樹山造像、大佛寺造像、龍泉寺造像、白岩寺造像、佛爾灣造像、長秋鄉造像、鶴山鎮造像、小擦耳岩造像、太清觀造像等；邛崍地區的有天宮寺造像、石荀山造像、鶴林寺造像、花置寺造像、盤駝寺造像、興元村造像等。❶巴蜀地區宋代的摩崖石刻造像，造像比較集中的地區有安嶽、榮縣、大足等地。新發現於甘孜的宋代初期的摩崖佛教造像，是一組摩崖線刻的長壽佛以及二菩薩的造像，佛龕高400釐米，寬380釐米，在佛龕的左側和下部還有藏文的題記，相關部門判斷此組造像造於11至12世紀之間，從右脅侍的寶冠中有化佛這一特徵斷定是觀音菩薩，因此判斷主尊像是長壽佛（阿彌陀佛）。東林寺造像、觀音岩造像、青崖子造像、大佛寺造像等都是巴蜀地區罕見的元代摩崖龕像。巴蜀地區明清時期的摩崖造像數量頗多，造像題材較為豐富，僅是現在的重慶地區就有明代摩崖龕像群60餘處，清代摩崖龕像群180餘處。現將重慶地區至今可見的明清時期摩崖龕像情況粗略統計如表1。

表1 重慶地區明清時期佛教摩崖龕像分佈情況

造像名稱	造像位置	造像內容	造像名稱	造像位置	造像內容
（明）三層岩摩崖龕像	大足縣中敖鎮觀世村	2龕5尊像，有西方三聖、觀音龍女童子像	（明）高觀音摩崖龕像	大足縣寶頂	3龕9尊像，有三佛、觀音龍女童子像
（明）石佛寺摩崖龕像	大足縣城南鄉永岸村	9龕，有七佛、十八羅漢、地藏、西方三聖、訶帝利母、孔雀明王、觀經變、釋迦多寶佛像	（明）野雞沖摩崖龕像	大足縣高升鎮先進村	1龕1尊接引佛像，高2.5米
（明）新興村摩崖龕像	大足縣天寶鄉新興村	1龕3尊像，即觀音龍女童子像	（明）龍鳳山摩崖龕像	大足縣中敖鎮龍鳳村	2龕6尊像，有一佛二弟子、觀音龍女童子像
（明）惜字閣摩崖龕像	大足縣龍崗鎮惜字閣村	1龕1尊佛	（明）寨子坡摩崖龕像	大足縣中敖鎮麻楊村	2龕4尊像，有觀音龍女童子、釋迦佛像
（明）雷公嘴摩崖龕像	大足縣中敖鎮麻楊村	3龕4尊像，有觀音龍女童子、釋迦佛造像	（明）老佛洞摩崖龕像	大足縣三驅鎮新橋村	1龕3尊像，即西方三聖像
（明）七佛岩摩崖龕像	大足縣龍石鎮石馬村	9龕，有千手觀音、七佛、三世佛、地藏像	（明）白岩寺坡摩崖龕像	大足縣國梁鎮三鳳村	1龕1尊佛像
（明）千佛岩摩崖龕像	大足縣三驅鎮千佛村	14龕，有如意輪觀音、地藏、華嚴三聖、十二光佛、雙觀音、雷音圖、觀經變、千佛像	（明）大佛岩摩崖龕像	大足縣萬古鎮長生村	1龕1尊觀音像

❶ 參考[日]肥田路美/盧丁/雷玉華.中國四川唐代摩崖造像（蒲江邛崃地區調查研究報告）.重慶出版社.2006年12月.

❷ 附表內容引自.重慶中國三峽博物館.重慶地區元明清佛教摩崖龕像.考古學報2011年第3期.

续表

造像名稱	造像位置	造像內容	造像名稱	造像位置	造像內容
（明）眠牛寺摩崖龕像	大足縣天寶鄉三界村	1龕1尊牛王菩薩像	（明）半邊寺摩崖龕像	大足縣高坪鎮玄頂村	2龕4尊像，有如意輪觀音、三世佛像
（明）佛耳岩摩崖龕像	大足縣三驅鎮新南村	1龕3尊像，有佛、孔子、老君像	（明）九龍村摩崖龕像	大足縣高坪鎮九龍村	1龕3尊像，有佛、孔子、老君像
（明）大佛洞摩崖龕像	永川區何埂鎮聯盟村	1龕3尊像，即三世佛像	（明）千佛寺摩崖龕像	璧山縣城北鄉新堰村	6龕，有藏、三佛四菩薩、千手觀音、十八羅漢、千佛像
（明）白銅廟摩崖龕像	璧山縣雲坪鄉毗盧村	1龕3尊像，即三大士坐像，中間為觀音像，兩側是文殊普賢像	（明）觀山頂摩崖龕像	合川區高龍鎮觀山村	3龕3尊像，有僧人、佛像
（明）象鼻寺摩崖龕像	合川區佛門鄉堰塘村	4龕，有三世佛、彌勒佛像	（明）濮岩寺摩崖龕像	合川區涼亭子街道濮岩村	2龕2尊像，有如意輪觀音、接引佛像
（明）銅鼓山摩崖龕像	榮昌縣銅鼓鎮銅鼓山	3龕3尊像，有接引佛、菩薩像	（明）半邊寺摩崖龕像	榮昌縣河包鎮黄槺村	3龕10尊像，有接引佛、三世佛和觀音龍女散財童子、西方三聖像
（明）五福殿摩崖龕像	南岸區彈子石集翠村	1龕5尊像，有三佛二脅侍像	（明）金紫山摩崖龕像	南岸區廣陽鎮大佛村	1龕1尊接引佛像
（明）大佛寺摩崖龕像	江津區石門鎮涼亭村	1龕1尊觀音像	（明）紅岩摩崖龕像	長壽縣渡舟鄉堰橋村	1龕1尊觀音像
（明）大佛面摩崖造像	豐都縣名山鎮仁愛村	巨型佛面，寬2.4米、高3.04米	（明）觀音岩摩崖龕像	忠縣任家鎮紅星村	1龕3尊像，即三大士像
（明）睡佛岩摩崖龕像	合川區七間鄉	1龕5尊像，即三佛二脅侍像	（明）馬家溪摩崖龕像	萬州區高峰鎮朝陽村	1龕5尊像，即一佛四菩薩像
（清）羅門山摩崖龕像	長壽縣羅山鄉羅山村	1龕1尊，頭殘，結跏趺坐佛像，施禪定印	（清）正興村摩崖龕像	長壽縣付河鄉正興村	2龕2尊，有千手觀音、坐佛像

续表

造像名稱	造像位置	造像內容	造像名稱	造像位置	造像內容
（清）三教寺摩崖龕像	長壽縣萬順鄉大堰村	18龕18尊像，龕內分別造羅漢坐像	（清）花佛岩摩崖龕像	長壽縣羅圍鄉明月村	2龕，龕內均有觀音坐像，兩側各一供養人像
（清）菩薩岩摩崖龕像	長壽縣秤砣鄉長生村	1龕1尊觀音坐像，雙手於腹前捧淨瓶	（清）觀音廟摩崖龕像	長壽縣付河鄉旦丘村	1龕1尊觀音像，結跏趺坐，雙手於腹前捧淨瓶
（清）二墩岩摩崖龕像	長壽縣東溫鄉仁和村	1龕1尊明王像	（清）老鷹嘴摩崖龕像	長壽縣雲集鄉青峰村	1龕1尊觀音像，結跏趺坐姿，雙手於腹前捧淨瓶
（清）高家岩摩崖龕像	長壽縣付河鄉正興村	1龕1尊觀音坐像，兩側有供養人像	（清）石佛寺摩崖龕像	大足縣城南鄉永岸村	3龕，有觀音龍女、散財童子、華嚴三聖、水月觀音像
（清）菩薩岩摩崖龕像	大足縣中敖鎮衛平村	3龕，第1號龕造佛像和觀音像，餘為觀音像龕	（清）塔耳山摩崖龕像	大足縣米糧鄉黃蓮村	8龕，有觀音童子、老君、『三王』、釋迦佛、孔子、聖母像
（清）眠牛寺摩崖龕像	大足縣天寶鄉三界村	5龕，有灶王、灶母、供養人、三王、老君像龕	（清）玄頂村摩崖龕像	大足縣高坪鎮玄頂村	1龕1尊腳踩火輦的武士像
（清）佛耳岩摩崖龕像	大足縣三驅鎮新南村	4龕6尊像，有三教、西王母、觀音、牛王菩薩像	（清）九龍村摩崖龕像	大足縣高坪鎮九龍村	4龕，有三教、佛、觀音、土地菩薩像
（清）青果村摩崖龕像	大足縣寶興鎮青果村	2龕，有觀音龍女童子、千手觀音像	（清）大佛寺摩崖龕像	大足縣萬古鎮長生村	1龕1尊佛坐像
（清）聖水溝摩崖龕像	大足縣化龍鄉鐵馬村	1龕4尊像，有佛、觀音、供養人像	（清）雷打石摩崖龕像	大足縣麻柳鄉柿花村	5龕7尊像，有觀音、文殊、普賢並列像，雷公、電母像，觀音龍女童子像，餘龕已空
（清）菩薩岩摩崖龕像	大足縣中敖鎮衛平村	1龕5尊像，有雙觀音、佛、兩側是龍女、散財童子像	（清）九蹬橋摩崖龕像	大足縣高坪鎮高峰村	3龕3尊像，有送子觀音、日月觀音、彌勒佛像

续表

造像名稱	造像位置	造像內容	造像名稱	造像位置	造像內容
（清）觀音岩摩崖龕像	大足縣萬古鎮三益村	2龕，有觀音龍女散財童子、地獄人物像	（清）雙山寺摩崖龕像	大足縣國梁鎮雙山村	5龕8尊像，有僧人、觀音、釋迦孔子老君、關羽、二郎神像
（清）貓兒溝摩崖龕像	大足縣寶頂鎮天宮村	1龕1尊觀音像	（清）茨竹溝摩崖龕像	大足縣米糧鄉毗盧村	1龕1尊觀音像
（清）觀音廟摩崖龕像	大足縣中敖鎮金盆村	1龕4尊像，有訶尼諦坐、觀音、日月菩薩、地母像	（清）新菩薩摩崖龕像	大足縣寶興鎮天星村	4龕6尊像，有觀音、送子觀音、華嚴三聖、觀音像
（清）大雄寺摩崖龕像	大足縣萬古鎮大雄村	1龕3尊像，有觀音龍女散財童子像	（清）觀音溝摩崖龕像	大足縣天山鄉天臺村	1龕1尊觀音像
（清）召樂山摩崖龕像	大足縣萬古鎮鳳頂村	3龕3尊像，有觀音、佛像	（清）小鳳凰寺摩崖龕像	大足縣中敖鎮衛平村	3龕，有文官像，釋迦、孔子、老君合龕、觀音、牛王菩薩、脅侍像
（清）佛耳岩摩崖龕像	大足縣彌陀鎮紫營村	3龕10尊像，有三佛、三佛和觀音並坐像，淨瓶觀音、牛王菩薩及送子觀音並列像	（清）老觀音廟摩崖龕像	大足縣雍溪鎮界碑村	4龕4尊像，有觀音、文殊、韋陀菩薩、牛王菩薩像
（清）新廟子摩崖龕像	大足縣化龍鎮鐵馬村	1龕2尊像，有文官、送子觀音像	（清）天寶村佛摩崖龕像	大足縣季家鎮天寶村	2龕5尊像，有三教合一、土地和山王像
（清）觀音岩摩崖龕像	大足縣寶頂鎮龍神村	2龕6尊像，有觀音、日月菩薩並坐像，以及東嶽、南嶽、川主、觀音並坐像	（清）觀音堂摩崖龕像	大足縣中敖鎮觀壽村	2龕4尊像，有訶利諦、觀音龍女童子像
（清）雙河口摩崖龕像	大足縣珠溪鎮雙河村	1龕3尊像，即觀音龍女童子像	（清）門碗寨摩崖龕像	大足縣天山鄉三角村	5龕11尊像，有灶王、川主、玉皇、送子觀音並列，觀音、老君、地母二童子、釋迦佛像

续表

造像名稱	造像位置	造像內容	造像名稱	造像位置	造像內容
（清）全佛岩摩崖龕像	大足縣彌陀鎮阮家廟村	1龕3尊像，有觀音龍女童子像	（清）觀音廟摩崖龕像	永川區松溉鎮東江村	2龕2尊像，有佛、觀音像
（清）勝利路摩崖龕像	永川區勝利路街道	1龕3尊坐佛像	（清）瀘永橋摩崖龕像	永川區寶峰鄉瀘永橋村	1龕1尊觀音坐像，腹前捧淨瓶
（清）普光寺摩崖龕像	永川區石竹鄉普光村	1龕1尊觀音坐像	（清）獅子山摩崖龕像	永川區石竹鄉永生村	2龕3尊像，有觀音、供養人像
（清）箕山摩崖龕像	永川區西北鄉萱花村	1龕1尊觀音坐像	（清）登雲摩崖龕像	璧山縣大興鎮拱橋村	1龕1尊觀音菩薩像
（清）觀山村摩崖龕像	合川區高龍鎮觀山村	2龕，有千手觀音、彌勒佛像	（清）金屏摩崖龕像	合川區麻柳鎮金屏村	1龕1尊觀音像，頭殘
（清）西靈山摩崖龕像	合川區五尊鄉五顯村	3龕3尊殘像。似三佛像	（清）銅鼓山摩崖龕像	榮昌縣銅山鎮銅鼓山	1龕4尊像，有一菩薩二天王一供養人像
（清）石庵堂摩崖龕像	榮昌縣遠覺鎮庵堂村	原4龕，現存1龕3尊像，即一佛二菩薩像	（清）觀音堂摩崖龕像	榮昌縣觀勝鎮月光村	1龕1尊淨瓶觀音龍女童子像
（清）劉家廟摩崖龕像	榮昌縣合靖鄉三堰村	原6龕，現存1龕1尊送子觀音像	（清）觀音沱摩崖龕像	榮昌縣古橋鎮古橋村	1龕1尊觀音像
（清）七寶岩摩崖龕像	榮昌縣石河鎮七寶岩村	原有15龕，現存1龕3尊像，即一佛二菩薩像	（清）觀音堂摩崖龕像	榮昌縣合靖鄉雙坪村	1龕3尊像，觀音雙手捧淨瓶於腹前，左童子右龍女
（清）青崖子摩崖龕像	巴南區李家沱街道	1龕1尊武士立像	（清）文峰山摩崖龕像	巴南區松林鄉	1龕1尊彌勒佛像
（清）顯應山摩崖龕像	巴南區忠心鄉月江村	9龕9尊像，有佛、明王像	（清）龍泉山摩崖龕像	巴南區中梁鄉龍泉村	1龕1尊佛坐像
（清）水觀音摩崖龕像	江北城街道	1龕1尊手執楊枝的觀音像	（清）人高山摩崖龕像	江津區鵝公鄉北斗村	2龕2尊，有觀音像

续表

造像名稱	造像位置	造像內容	造像名稱	造像位置	造像內容
（清）古洞寺摩崖龕像	江津區津福鎮鎮江村	1龕3尊像，主尊高4.9米，系文官像	（清）觀音廟摩崖龕像	江津區仁沱鎮金華村	3龕3尊像，應是文殊、觀音、普賢組合像龕
（清）蓮花臺摩崖龕像	江津區四面山鎮飛龍村	1龕1尊淨瓶觀音像，龕外鑿有仿木結構的牌樓	（清）青龍溝摩崖龕像	江津區現龍鄉青龍村	1龕1尊觀音像
（清）獅子岩摩崖龕像	江津區德感鎮坪山村	1龕3尊像，即一佛二弟子像	（清）和尚坡摩崖龕像	九龍坡走馬鎮樂園村	1龕1尊佛像
（清）淨慈寺摩崖龕像	九龍坡區金鳳鎮	1龕1尊觀音像	（清）文峰山摩崖龕像	九龍坡白市驛鎮松嶺村	1龕1尊彌勒佛像
（清）佛爾岩摩崖龕像	潼南縣哨樓街道	2龕，有觀音像	（清）楊家岩摩崖龕像	潼南縣勝利街道封壩村	2龕2尊像，有訶利諦母、淨瓶觀音像
（清）新觀音摩崖龕像	潼南縣新生街道龍橋村	2龕4尊像，有一佛二菩薩、觀音像	（清）觀音塘摩崖龕像	潼南縣五桂鎮	5龕，有送子觀音、淨瓶觀音、土地菩薩像
（清）香爐寺摩崖龕像	潼南縣臥佛鎮	3龕，有文官、金剛像	（清）響水塘摩崖龕像	潼南縣明境街道梓桐村	2龕2尊像，有淨瓶觀音、送子觀音像
（清）興盛寺摩崖龕像	潼南縣新生街道玉屏村	2龕2尊像，有送子觀音像、文殊菩薩像	（清）雲林寺摩崖龕像	潼南縣古溪鎮	1龕1尊韋陀像
（清）佛寶寺摩崖龕像	潼南縣紅花鄉	3龕，有華嚴三聖、觀音龍女童子、送子觀音像	（清）金書岩摩崖龕像	潼南縣臥佛鎮	4龕3尊像，有牛王菩薩、送子觀音、佛坐像，1龕已空
（清）東門口摩崖龕像	潼南縣永勝鎮	1龕1尊觀音像	（清）魏家岩摩崖龕像	潼南縣新勝鎮	1龕3尊，有觀音龍女童子像
（清）明鏡觀音岩摩崖龕像	潼南縣明鏡鄉	4龕，有觀音龍女童子、一菩薩二脅侍像，2龕毀	（清）高佛岩摩崖龕像	潼南縣別口鄉	1龕3尊，有觀音龍女童子像

续表

造像名稱	造像位置	造像內容	造像名稱	造像位置	造像內容
（清）老觀音岩摩崖龕像	潼南縣龍形鎮	2龕2尊像，有送子觀音、淨瓶觀音像	（清）千佛岩摩崖龕像	潼南縣五桂鎮	1龕5菩薩像
（清）洞子坪摩崖龕像	潼南縣東風鄉	1龕3尊像，有佛、明王像	（清）觀音岩摩崖龕像	綦江縣扶歡鎮高灘村	2龕2尊淨瓶觀音像
（清）木梯岩摩崖龕	綦江縣永新鄉八景村	1龕1尊淨瓶觀音像	（清）紅花岩摩崖龕像	綦江縣羅家鄉石坪村	2龕2尊像，有龍王、觀音像
（清）大慶口摩崖龕像	綦江縣通惠鄉松峰村	1龕1尊佛坐像	（清）佛爺岩摩崖龕像	銅梁縣西河鎮尚新村	3龕5尊像，有佛、三大士、文官像
（清）觀音岩摩崖龕像	銅梁縣小林鄉同福村	3龕，有三大士、觀音、日月光菩薩文殊普賢菩薩並列像	（清）望水觀音摩崖龕像	銅梁縣安溪鎮吊嘴村	1龕1尊觀音像
（清）同心摩崖龕像	渝北區統井鎮同心村	2龕2尊像，有彌勒佛、佛像	（清）觀音灘摩崖龕像	渝北區明月鄉川塘村	1龕1尊觀音像
（清）陳家寺摩崖龕像	墊江縣城南鄉十路村	1龕3尊像，即一菩薩二弟子像	（清）周太平摩崖龕像	墊江縣高峰鄉大紅村	1龕3尊像，即一佛二弟子像
（清）關口摩崖龕像	豐都縣龍河鎮文廟村	1龕3尊像，有淨瓶觀音、送子觀音、千手觀音像，兩側有15尊供養人像	（清）尚家溝摩崖龕像	涪陵區大順鄉龍鳳村	2龕2尊像，有淨瓶觀音、佛像
（清）黑刹洞摩崖龕像	涪陵區雙石鄉平一村	1龕1尊觀音像	（清）觀音岩摩崖龕像	開縣開竹鄉寧定村	2龕2尊像，有觀音、僧人像
（清）白岩山摩崖龕像	開縣鐵橋鎮黃龍村	2龕2尊像，有觀音、玉皇大帝像	（清）石灣摩崖龕像	梁平縣紫照鄉中合村	2龕2尊像，有佛、觀音像
（清）夏家觀摩崖龕像	梁平縣雲龍鎮石蓮村	1龕3尊像，即一佛二菩薩像	（清）搽耳岩摩崖龕像	梁平縣和林鎮石佳村	2龕2尊像，有送子觀音、文官像

续表

造像名稱	造像位置	造像內容	造像名稱	造像位置	造像內容
（清）龍脊寨摩崖龕像	石柱縣三匯鄉上坪村	2龕2尊像，有腳踩蓮花的僧人、托塔天王像	（清）滴水岩摩崖龕像	石柱縣三樹鄉風鶴村	1龕1尊淨瓶觀音像
（清）觀音岩摩崖龕像	萬州區三元鄉油寨村	2龕2尊觀音像	（清）鳳凰山摩崖龕像	萬州區高升鎮鳳山村	1龕1尊千手觀音像
（清）普陀岩摩崖龕像	忠縣官壩鎮坪豐村	4龕6尊像，有一佛一菩薩一弟子、觀音、供養人像	（清）觀音灣摩崖龕像	忠縣拔山鎮玉和村	1龕1尊佛像
（清）木頭岩摩崖龕像	忠縣拔山鎮楊柳村	2龕8尊像，有三佛二弟子、三大士像	（清）觀音廟摩崖龕像	忠縣新生鎮四方村	2龕5尊像，有觀音龍女童子、文殊普賢像
（清）大岩口摩崖龕像	忠縣永豐鎮淩雲村	3龕，殘損嚴重，2號龕為千手觀音像	（清）普陀岩摩崖龕像	忠縣東溪鎮徐坪村	1龕3尊像，即觀音二弟子像
（清）涞灘摩崖龕像	合川區涞灘鎮二佛寺	1龕1尊准胝觀音像	（清）釣魚城摩崖龕像	合川釣魚城內	1龕3尊像，即西方三聖像

二 滇文化區

滇文化區，即雲南文化區，地處我國南部邊疆，東、北部臨廣西、貴州、四川、西藏等地，西、南部與東南亞的緬甸、老撾、越南交界。據文獻記載，佛教於公元7世紀末從印度、緬甸、我國西藏和中原多路傳播到雲南，雲南地區的佛教文化現象相比西藏佛教和內地佛教，呈現出較為鮮明的部派特點，有梵語系佛教、巴利語系佛教、藏語系佛教和漢語系佛教。從空間上看，以洱海滇池為中心的滇中地區，主要是受密教以及禪宗的影響。密教屬於梵語系佛教，是傳入雲南最早的佛教，於南詔時傳入，被白族及部分的彝族、漢族所信仰，成為了雲南民族傳統文化的一部分。郭松年的《大理行記》中有載：『此邦之人，西出天竺為近，其俗善浮屠，家無貧富，皆有佛堂，人不以老壯，手不釋念珠。』雲南毗近印度，因此印度密教最早傳入。密教因其自身濃厚的巫術色彩，傳入以後，很快以洱海為中心傳播開來，在宋元時期極為興盛。元代，內地的禪宗傳到雲南，雲南地區也先後有僧人前往內地習法，學成以後，在雞足山、太華山以及蒼山等地傳教。禪宗的傳入，極大程度地影響到在雲南盛行已久的密教，密教便由此而轉向民間。其次是以迪慶、麗江為中心的滇西北地區，人們的生產生活方式都與西藏較為接近，自然成為了藏傳佛教在雲南的根據地。在該區域內，受藏傳佛教影響最深的是雲南藏族、納西族以及普米族。藏傳佛教開始大規模地傳入滇西北地區是在11世紀中葉，一直到15世紀初，這三百餘年，是藏傳佛教在雲南藏族、納西族及普米族地區的鼎盛期。最早傳入的教派是噶舉派和寧瑪派，噶舉派也是藏傳佛教教派中支派最為繁多的，比如麗江的普濟寺、指雲寺、文峰寺、玉峰寺和福國寺等都是噶舉派的寺院。寧瑪派則顯得有些分散，分支也很多，在元、明兩代極盛。據統計，雲南寧瑪派的寺院有承恩寺、折崩寺、英珠寺、白塔寺、雲頂寺、托拉寺等19座。另外，雲南還有一些著名的藏傳佛教寺院，比如永寧格母山（漢稱獅子山）下的薩迦寺屬於薩迦派寺院，東竹林寺、德欽寺、紅坡寺（又稱羊八井寺）、中甸歸化寺以及紮美戈寺屬於格魯派寺院。最後是以西雙版納、德宏為中心的滇南和滇西南地區，該區域內傣族信奉南傳上座部佛教，屬巴利語系佛教。史料記載上座部佛教傳入雲南傣族地區約是在7世紀中葉，由緬甸傳入。現在雲南的上座部佛教有潤、擺莊、多列、左抵四個教派，四派中又細分出八個支派。歷史上南傳上座部佛教為了配合封建領主製，設立了由官家佛寺管理全地區佛寺及僧侶的寺院管理製度。雲南上座部佛教的宗教活動頗多，據載在傣曆的六月份有浴佛節；傣曆九月十五至十一月十五，有為期三個月的毫瓦薩；傣曆十一月有賧坦；傣曆二月有豪幹節等。

三 貴州文化區

貴州文化區，又被稱為黔文化區或是黔中文化區，古代稱貴州為『蠻貊之邦』。佛教自兩晉時期傳入貴州，先是北部地區受到四川佛教的影響，在發展傳播過程中，又與民間宗教互相滲透，借助於民間宗教傳播到貴州東部，到唐代貴州佛教正式發展起來，尤以黔北和黔東地區為盛。北宋李昉、扈蒙、李穆等人編纂的《太平廣記》中有關於唐代牛騰在貴州施教的記載，隨後黔北黔東興建寺院10餘座。貴州佛教興起時多集中於黔北、黔東地區，一方面是因為中原漢族移民的不斷湧入，為佛教的滲透提供了便利；另一方面是因為其『襟帶川蜀，控扼黔楚』的重要位置，得開放之先。

貴州擁有很多的佛教名山，如貴陽的黔靈山、東山、相寶山、銅仁的梵淨山以及六盤水的丹霞山等，都是香火旺盛的佛教聖地。其中梵淨山號稱貴州的第一佛教名山，為我國名山中唯一的彌勒菩薩道場。梵淨山的佛教文化興起於明代初期，但在宋元時期該地區就已受到佛教影響，北邊有宋代的沿豐寺、中勝院，東邊有元代的正覺寺、中華寺，西邊又有宋代的西岩寺、大聖礅鐵瓦寺、中和山華嚴寺等。梵淨山佛教為禪宗，受四川禪宗的影響，各寺的歷代住持多是蜀僧。貴州文化區還有很多著名的佛教寺院，諸如貴陽的覺園、弘福寺、觀音寺、黔明寺、棲霞寺和大覺精舍；遵義的復興寺、蟠溪寺、白雲寺、湘山寺、禹門寺、石佛洞寺及雷臺山寺；安順有高峰寺、東林寺及天臺山寺；六盤水有護國寺；銅仁梵淨山中有天慶寺、天池寺、天林寺、承恩寺、鎮國寺、觀音閣、九皇殿、釋迎殿、通明殿、彌勒殿、三清殿、圓通殿；畢節有惠泉寺和鳳山寺；黔南有白雲寺；黔西南有九峰寺、崧歸寺、壽福寺和碧雲寺；黔東南有月壇寺等。

四 兩湖文化區

兩湖文化區，地處長江中游，亦被稱為荊楚文化區和湖湘文化區，包括湖北、湖南兩省。長江中游的湖北、湖南在古代同屬楚國之地，故湖北自稱荊楚，湖南則自稱湘楚。湖北為我國佛教禪宗文化的發祥地，其佛教活動始於三國吳時期，《法句經》二卷有云：『魏文帝時，天竺沙門維祇難，以吳主孫權黃武三年齎胡本，武昌竺將炎共支謙譯出。』，此為有關湖北佛教的最早史料記載。佛教史家湯用彤先生曾有『荊襄佛教之勝，蓋亦始於道安』之說，道安是東晉的高僧，據文獻記載，道安在公元365年由中原入湖北，為弘揚佛法在襄陽留居了二三十年。公元379年，襄陽被前秦攻破，道安弟子惠遠等數十人南下，建康成為了南方最大的佛教傳播源地。南北朝時期，佛教的傳播從由北至南而轉為了沿江而上的東西傳播，這一局面持續到隋。佛教於隋唐盛世進入鼎盛期，創立了八大宗派：禪宗、律宗、密宗（真言宗）、天臺宗、淨土宗、華嚴宗（賢首宗）、三論宗（法性宗）、唯識宗（法相宗）。湖北境內以禪宗、律宗、天臺宗及三論宗為最盛。晉唐湖北高僧有79人，其中僅唐代就有29人。在佛教興盛的隋唐時期，湖北當陽玉泉寺為當時全國佛教中心之一，其與山東的大靈岩寺、浙江的天臺國清寺以及南京的棲霞寺被一併稱為『天下四絕』。隋唐時期的玉泉寺，不但是天臺宗與禪宗北宗的祖庭，而且與律宗、淨土宗、禪宗南宗等宗派也有著密切關係。

湖南佛教的發源地為麓山寺，麓山寺始建於西晉泰始四年（公元268年），初名為『慧光明寺』，有『漢魏最初名勝，湖湘第一道場』之稱。佛教傳入湖南的初始階段，高僧的活動地分佈於長沙麓山與武陵平山。到隋唐時期，佛教大興宗派，湖南地區有天臺宗、律宗、淨土宗以及禪宗四宗，其中在民間影響較大的有天臺宗、淨土宗和禪宗。天臺宗信奉著救苦救難的觀世音菩薩，禪宗簡便易行，淨土宗兼有二者的特點，各宗派之間時有交融。當時湖南佛教的地域分佈差異較為明顯，在沅水中上游和資水中上游兩地，與佛法無緣，在湘水上遊及瀟水流域均未見高僧活動，出有高僧、佛法分佈比較集中的地區是四水下遊和湘水中遊的澧、朗、嶽、潭、衡五州。明代為湖南地區佛教恢復和發展的時期，新建了嶽州府臨洞甚至源寺，長沙府湘鄉縣白雲寺，寶慶府邵陽縣五臺庵，南嶽曉霞山峰海月寺，耒陽市紫霞禪寺，衡州府衡陽縣龐山寺等。清代是湖南佛教從勉強維持到日益衰落的時期。清代前期，湖南佛教尚可勉強維護局面，在佛教各個宗派中還是禪宗佔優勢，淨衲主常寧縣大義山，智依開創耒陽縣雲山，懶放開創清泉縣（今衡南縣）岐山仁瑞寺，都是湖南禪宗從衡山向南發展的產物。此外清建著名寺院還有衡陽縣在唐代著名佛教居士龐蘊故居宅上建起的龐山寺、望城縣清順治僧人戎虛、不韻建立的靈雲寺等寺院。清代後期，從鴉片戰爭以後，湖南佛教日趨衰落。[1]

湖南省擁有50餘種少數民族，佛教流播於此，便與該地豐富多彩的區域文化融合。現今在湖南境內，仍有許多頗具區域特色的佛教造像遺存。因當地可供雕刻的木料種類豐富，因此民間家庭供奉的小型佛像多為木質雕像，此外，該地不乏石窟摩崖造像。郴州蘇仙區的石佛寺造像，寺內崖壁上刻有造像記《募緣施財記》：『元至正元年立，大明國湖廣郴州永豐，吉□祠下立君□，財信士志鳳，意□念志鳳，二個之塞立特發減，殿俺唐侍奉焚香，……信士……佛，正德十六年二月初一日長，祭志鳳，天高任烏飛，謹自召匠李□□，□綠□，李蓮姑孫郡文。』再下又刻有『為因求安，果然全愈，通靈顯應』。由此可知，該石佛寺造像為元代佛教摩崖造像。1號窟為『一佛二菩薩二弟子』式的造像，中間是釋迦牟尼坐像，內兩側為弟子阿難尊者、迦葉尊者立像，再外兩側為文殊、普賢菩薩立像；2號窟是一尊具有濃厚世俗氣息的女佛主造像，與當地民間傳說密切相關。張家界峰泉洞石窟造像，洞中佛、道造像共存，有如來、觀音、八仙等造像題材。郴州永興縣碧塘鄉的『侍郎坦』摩崖造像，由殘缺的造像中『中大通七年』等字樣，斷定該處的線刻佛像年代為南朝，為湖南境內迄今發現的年代最早的摩崖造像。另外湖南還有永州江永縣桃川鎮石硯村的摩崖造像，郴州嘉禾縣廣發鄉富壽庵後山石壁上的浮雕佛像以及張家界慈利縣洞溪鄉佛爺灣石窟的浮雕佛像等珍貴的石窟摩崖佛像遺存。

五 江西文化區

位於長江中下游以南的江西文化區，又稱贛文化區，與浙江、安徽、湖北、湖南、廣東、福建等省份相鄰。江西文化區的分佈範圍，主要是指現今江西省境內的鄱陽湖與贛江流域一帶。佛教自東漢末傳入江西，於兩晉南北朝時期，得到較大發展。這一時期佛教在江西的傳播，是以廬山為中心的鄱陽湖環形傳播。當時的廬山，有東林寺、大林寺、歸宗寺、西林寺、化成寺、天池寺以及龍泉寺等一批高僧雲集的佛寺。佛教的淨土宗，即是東晉高僧慧遠在廬山創立的。隋唐至宋，江西佛教較為興盛，成為全國的一個佛教中心地區。據記載，江西境內自東漢末年佛教傳入到清後期，先後修建佛教寺院達1115處，僅是隋唐五代時期建立的就有483處。隋唐五代，在江西最有影響力的是淨土宗和禪宗，前者以『往生西方極樂世界』為修行目的，受到下層民眾的普遍歡迎，後者也因其較濃厚的哲學意味被接受。由唐到宋，江西的禪風大盛，有馬祖道一、青原行思、百丈懷海、黃檗希運以及洞山良價、曹山本寂、仰山慧寂等高僧，都是出自江西。到宋代，數黃龍、楊岐二派最盛，與理學互為滲透，法系綿綿不絕。

六 吳越文化區

吳越文化區，即江浙文化區，大致範圍是現在的江蘇蘇南、安徽皖南以及浙江省。佛教自東漢末傳入浙江以後，憑藉該地優越的自然環境和相對發達的經濟條件，得到迅速發展。兩晉南北朝時期，高僧雲集，佛寺眾多，靈隱寺、天童寺、阿育王寺以及雪竇寺等中外聞名的寺廟都始建於這個時期。浙江佛教在兩晉南北朝的發展基礎上於隋唐進入興盛期。吉藏（公元549—623年）在隋平定江南以後，住會稽（現在的浙江紹興）嘉祥寺十多年宣講三論，形成了三論宗的基本理論體系，被尊稱為嘉祥大師。智顗（公元538—597年）於陳太建七年（公元575年），到浙江天臺山，他未受到印度傳入我國各師說的束縛，以《法華經》作為基礎，提出了『會三歸一』的理論（三乘歸於一乘，『三乘』指聲聞、緣覺、菩薩三乘），創立了我國最早的佛教宗派天臺宗，

❶ 劉國強.湖南佛教寺院志[M].長沙:天馬圖書有限公司，2003，10.

完成了佛教的中國化。智者大師採用了『六經注我』以及『隨義立名』等手法，根據社會的實際需要，改造了印度佛教經典，將中國哲學的人性論、道德修養等理論納入到天臺宗的思想體系中，從而深受統治者的支持，對整個浙江佛教乃至全國佛教都產生了極大的影響。在五代十國及宋代，浙江佛教達到極盛。五代十國時期的吳越國境內，因歷代錢王勵精圖治而未受戰亂之擾，從而成為了當時唯一的經濟發達地區。在保境安民的同時，吳越國的歷代錢王又鼓勵『信佛順天』，大力扶持佛教，禮遇高僧，大肆興建佛寺，僅杭州地區就有佛寺260餘處，當時的吳越國有『東南佛國』之稱。到宋代，我國佛教普遍轉入衰退期，而浙江佛教卻得以持續興盛發展，一直持續到宋末。元代的漢地佛教主要是禪宗之曹洞宗和臨濟宗，前者盛於北方，後者是在南方。在元代，南方臨濟宗的高僧多活動於浙江一帶，有高峰原妙、雲峰妙高、中峰明本以及晦機元熙、元叟行端、笑隱大訢等。因此，浙江可謂是元代漢地佛教的中心。明清時期，浙江佛教以禪宗和淨土宗為主。在明代中期禪宗經歷了一段衰落期，但在明末清初，禪宗在浙江、江西一帶又重新活躍起來，該時期是禪宗在我國封建社會歷史中最後的興盛期。

七 江淮文化區

江淮文化區，大致包括現今長江以北的江蘇、安徽兩省。江蘇在東漢時期已有佛教，鎮江著名的焦山定慧寺便是在東漢興平元年（公元194年）修建的，最初名為普濟寺，宋朝又稱普濟禪院，元代時稱焦山寺，到清康熙時改稱定慧寺。據歷史記載，佛教活動家笮融也於漢末在江蘇徐州、揚州等地大規模地建造寺院、佛塔。後來又有康僧會、印度僧人佛陀跋陀羅、法顯、寶雲等高僧至南京譯經講學，建佛寺造佛像，為佛教的發展奠定了很好的基礎。東晉淝水之戰以後，鎮江修建金山寺，唐朝張祜的詩句『樹影中流見，鐘聲兩岸聞』，描繪的就是金山寺。六朝時，有僧朗、僧詮兩師徒在南京的棲霞寺創立了三論宗，因此棲霞寺便被尊稱為三論宗的祖庭。六朝時，南京、鎮江及揚州一帶佛教較為興旺，南京建有靈穀寺（即現在的隆昌寺），鎮江南郊有招隱寺，揚州於隋代建造高旻寺。到唐代，江蘇佛教更為發達，揚州的大明寺、蘇州的寒山寺及無錫祥符寺等都是唐代建造的寺廟。江蘇佛寺的威望極高，作為三論宗祖庭的棲霞寺，與山東靈岩寺、湖北玉泉寺和浙江國清寺在唐代被並稱為『天下四大叢林』；明代江蘇佛教最盛時南京靈穀寺的常住僧千人有餘，號稱『天下第一叢林』；鎮江的金山寺、常州的天寧寺、揚州的高旻寺和浙江寧波天童寺又在清末並稱『東南四大叢林』。

據相關記載，安徽佛教的最早傳入在東漢初期，當時的楚王劉英崇信佛教，後被漢明帝遣送至丹陽（安徽宣州）涇縣，佛教便由此進入安徽南部。於東漢順帝年間（公元126—144年），涇縣建造了第一處佛寺——萬壽寺。安徽早期佛教的傳播，笮融和嚴佛調這兩位皖籍的佛教著名人物發揮了重要的作用，笮融是丹陽人，嚴佛調是臨淮（今安徽鳳陽）人。『笮融為東漢末年丹陽（今安徽宣州）人，佛教信徒，曾任下邳相，督管廣陵（今江蘇揚州）、下邳（今江蘇宿遷西北）和彭城（今江蘇徐州）三郡錢糧。笮融利用職權之便，將三郡錢糧用來大建佛寺。據《三國志·吳志·劉繇傳》記載，他所建造的寺廟和佛像十分豪華：「以銅為人，黃金塗身，衣以錦采，垂銅盤九重，下為重樓閣道，可容三千餘人，悉課讀佛經。」這是中國正史上對興建佛寺佛像及社會上一般民眾信奉佛教情況的第一次明確記載。』❶笮融在任職期間，還鼓勵『信佛免役』，很大程度地推動了當地佛教的傳播。嚴佛調，又名嚴浮調，是文獻記載中我國漢地最早的出家人。該人巧於傳譯，譯佛經數部，且以佛理著書，被稱為中國佛教徒之第一人。三國時期，佛教受統治者扶持，當時的安徽建有石溪寺、廣濟寺、古化城寺等寺廟數座。兩晉時期，江淮一帶的佛教傳播速度加快，太湖佛圖寺、宿松忠節寺、舒州太平寺、蕪湖吉祥寺、涇縣永安寺、和州六墳寺、宣城淨國寺、壽州石澗寺、六安埠塔寺、廬江郡金城寺等寺廟都是建於兩晉時期。南北朝時期，因北方動亂，僧人南下，南朝佛教興盛起來，到梁武帝時達到極盛，南京成為了繼洛陽、長安後我國的第三個佛教傳播中心，安徽佛教也受到影響，於安徽境內傳授佛教的僧人數量增多。隋唐時期，在我國佛教發展至鼎盛的大背景下，安徽佛教自然也呈現出興盛局面。來自新羅國的王子金喬覺，在九華山弘法多年，九華山繼而成為了我國地藏信仰的中心，且為其成為佛教四大名山奠定了基礎。唐代有廬州（合肥）大蜀山的釋慧滿、泗州普光王寺的釋僧伽、天柱山的釋崇慧等高僧推動了佛教在安徽地區的傳播。安徽境內也在這一時期興建起了很多對後世影響較大的寺廟，有九華山的化城寺、宣城敬亭山的廣教寺、潛山的天柱寺、泗縣的普光王寺、蕪湖的廣濟寺、黃山的大中祥符寺和翠微寺等。北宋時期，安徽和全國佛教走勢一樣，在飽受重創之後，得以復興，新建安慶迎江寺、蒙城縣興化寺、含山縣太湖山的太湖寺、太湖縣海會寺、九華山的淨居寺、宣城的京山堂、池州的齊山寺、蕭縣的相山寺等寺廟。明清時期為安徽佛教的黃金期，從朱元璋大修龍興寺起，安徽境內的佛教一直持續、廣泛地發展。

八 閩文化區

閩文化區為福建文化區，東鄰臺灣，西、南、北分別與贛文化區、嶺南文化區、吳越文化區相鄰。福建是我國漢傳佛教最為興盛的地區之一，佛教在西晉年間傳入此地便一直長盛不衰。西晉太康三年（公元282年）建造於郡北無諸舊城（今福州市）的紹因寺，為福建的第一座佛寺。南北朝時期至梁代，福建境內共建有佛寺28座，傳播方向由閩中至閩北、閩東。陳永定二年（公元558年），有印度僧人拘那羅陀至泉州，他是最早到福建弘法的外國僧人，促進了福建佛教的發展。到唐代，福建佛教在我國佛教史上有舉足輕重的地位，有諸多著名的寺院如福州鼓山湧泉寺、閩侯雪峰崇聖寺、泉州開元寺、漳州南山寺及廈門南普陀寺等都是修建於唐代。根據志書記載，將福建自唐以後新建寺院的情況粗略統計如表2：❷

❶ 李霞.安徽區域佛教的傳播與發展.池州學院學報，2012年2月第26卷第1期.

❷ 參引何綿山.淺談福建佛教的特點.宗教學研究・佛教研究，1996年第2期.

石佛像以及清源山左峰半山腰處的釋迦牟尼立像；晉江西資岩依山雕刻的五尊佛立像（中間是阿彌陀佛居中，觀世音、大勢至兩位脅侍菩薩分居兩側的『彌陀三聖』）；晉江南天寺的西方三聖摩崖造像；南安九日山由聳天居石雕琢而成的石佛像等。

九 嶺南文化區

嶺南文化區包括廣東和海南兩省。印度佛教初傳我國的海路路線，是經由斯里蘭卡、爪哇、馬宋半島、越南再到廣州。自秦漢以來，作為廣東首府的廣州一直是我國對外貿易以及海外交通的重要口岸，是嶺南政治、經濟、文化的中心，也往往是中外僧人往返的必經地。因此，廣州乃至廣東，堪稱我國佛教傳播的根據地。史料記載佛教最早在廣東傳播是在三國時期，當時的印度僧人真喜沙門（強梁婁至）於東吳元興四年（公元264年）至廣州，翻譯了《十二遊經》一卷。晉武帝太康二年（公元281年），又有梵僧迦摩羅由西天竺至廣州，在廣州境內修建了兩所嶺南歷史上最早的寺院——三歸寺與王仁寺，百越伽藍由此而興。東晉安帝隆安元年（公元397年），古罽賓國（今喀什米爾）85歲的高僧法明（曇摩耶舍）至廣州白沙寺弘法，其有門徒85人而且還有女尼，在虞翻的故宅修建了『王苑朝延寺』（後又更名為『王園寺』），繼而在該寺譯經講法，譯有《差摩經》一卷。從兩晉到南朝，一直都有印度或是西域僧人至廣州譯經傳教、修建佛寺，留下了諸多叢林、名刹。就連著名的少林禪師達摩（印度天竺國的王子菩提達摩），也是在梁武帝中期，最先從廣州而轉入建康，再去嵩山少林寺的。他到廣州以後，曾修建有西來庵，也就是華林禪寺，為我國佛教禪宗之源。現今廣州荔灣區『西來初地』的地名便是後人用來稱謂菩提

表2　福建自唐代後新建寺院的情況

朝代 地區	唐代	五代十國	宋代	元代	明代	清代	總計
福州	300	195	550	15	110	71	1246
廈門	3	1	1	2	3	7	17
寧德	108	95	244	2	54	40	543
南平	204	249	380	194	195	108	1127
莆田	19	11	59	29	23	13	135
泉州	27	47	78	38	30	10	203
漳州	16	8	27	15	12	11	73
龍岩	3	17	39	21	81	49	207
三明	55	83	115	88	74	73	443
總計	735	706	1493	414	582	382	3577

根據上表寺院統計數量可知，唐以後福建佛寺分佈最多的地區是東部的福州和北部的南平，由朝代看，宋代寺院數量位居第一。一方面宋朝有趙匡胤及後繼統治者扶持佛教，宋代福建僧尼眾多、高僧雲集，僅是被朝廷賜號的高僧就不在少數，比如被賜號『慧日禪師』的文矩、『真覺禪師』省澄、『法濟大師』道岑還有『悟空大師』清豁等等；另一方面福建又憑藉自身經濟、文化的繁榮發展，促使福建佛教在五代興盛的基礎上達到極盛，迅速成為了當時全國的佛教中心之一。

福建除寺院數量眾多以外，還有許多珍貴的佛像藝術。有福州烏石山南城『一佛二菩薩』式的摩崖造像；福清瑞岩寺的石刻彌勒坐佛；泉州清源山彌陀岩的佛立像、碧霄岩的三尊大型花崗

達摩最初登岸地點的。據《簡明廣東史》的統計，在魏晉南北朝時期，廣州境內共建有寺廟19座。隋唐五代是廣東佛教的鼎盛時期，很多高僧到廣州，促進了廣州佛教的發展。唐代律宗僧人鑒真，在天寶七年（公元748年）11月因東渡不成在振州（今崖縣）登岸。振州別駕（輔助州郡長官的官員）馮崇債，尊崇佛教，於太守衙廳內『設會授戒』。而後在鑒真和尚的指導下，振州修建了大雲寺，鑒真和尚便安頓於寺內。據《唐大和尚東征傳》記載，鑒真和尚曾在振州、崖州、桂州、廣州四次登壇受戒，為律宗在嶺南地區的傳播起到了重要作用。鑒真和尚也成為了海南佛教文化史上最重要的人物，對海南佛教文化的後續發展有很大的影響。慧能在廣東開創禪宗頓教，是唐代廣東佛教興盛的又一推動力。慧能於唐高宗鳳儀元年（公元676年）至廣州法性寺（今光孝寺），開始以六祖之稱弘揚佛法。一年後，六祖慧能又至曲江曹溪寶林寺傳佈『明心見性、見性成佛』的禪宗教義。唐高宗至武則天時期，慧能大師又在韶州、端州二郡弘法。宋代的廣州佛教雖不及唐代興旺，但從宋朝統治階級重視佛教、廣東僧人創建佛寺的熱情未減等方面看，佛教在廣東的發展還是在持續進行的。宋朝廣州、韶州、肇慶、高州、潮州、雷州等地先後興建寺廟130餘座。元代廣東佛教最顯著的特徵是藏傳佛教的傳入，肥巴（又名功嘉葛剌思）被貶至奧東，在潮州傳授密宗咒術，藏傳佛教自此在廣東流傳起來。現今新會圭峰山的元代喇嘛塔，便是元代藏傳佛教在廣東傳播的物證。『明朝皇室對廣東佛教也很崇敬，明英宗正統十年（1445年），敕賜光孝寺《大藏經典》計十大櫃，存放於大殿。明宣德二年（1427年），賜韶州南華寺繡羅漢十八幅，天順年間（約1460年），又賜《金書華嚴經》二部。成化十三年（1477年），迎大師衣缽入大內供養，還命各列剎掌教迎供，以及各官、士、民前往瞻禮。成化二十一年（1485年），命趙玉芝將《御製壇經法寶序》重新進行編錄後出版以傳播。』❶清代統治者推崇孔子，提倡理學，但仍有空隱禪師、天然禪師、石蓮禪師（又稱大汕禪師）等高僧活躍於廣東境內。

海南佛教的發展傳播，起於上文所述的鑒真和尚，據載到道光年間，海南境內尚有佛寺86座。由此得知在鑒真和尚離開以後，海南佛教也並未停滯，而是一直在持續發展。

十 桂文化區

桂文化區，是指廣西文化區。廣西古稱『南蠻之地』。關於佛教傳入廣西的時間，頗有爭議。《佛教傳入廣西時間考》❷一文中以新確認的佛教屬性物斷定廣西佛教是在西漢末傳入的。隋唐以前廣西佛教的傳播情況，主要體現在一些關於名僧在廣西弘法的文獻記載中以及集中分佈於廣西東部和南部的佛教文物上。據《廣西通志》記載，自兩晉到清代，廣西境內先後修建有寺廟135座。其中唐代有20座，宋代有65座，元代有18座，明代13座，清代7座。由寺院數量看，唐宋時期為廣西佛教的興盛期，尤以廣西東部和中部為盛。唐初建於桂林的西山西慶林寺，寺內供奉有盧舍那佛，該寺規模宏大，為唐代五大禪林之一。唐高宗顯慶四年（公元659

❶ 王汀生、王延紅.廣東佛教的傳播和發展.廣州師院學報（社會科學版），1997年第4期.

❷ 陳波江.佛教傳入廣西時間考.學術論壇，1995,5.

年）建造的善興寺內，聳立著廣西境內年代最早的舍利塔，塔內有『桂林城南善興寺開發建立此妙塔七級聳高十丈』的銘文。

廣西境內遺存有很多的古代佛教摩崖石刻造像，其中桂林成為我國南方僅次於四川大足石窟的佛教石窟群所在地。廣西桂林的摩崖石刻造像早自南朝晚至明清，主要分佈在西山、騮馬山、伏波山、疊彩山等處，總數多達602尊。據相關部門統計，西山有242尊石刻造像，分別分佈於西峰、千山峰、觀音峰、立魚峰及龍頭石林一帶，多數為中唐以前的作品，在這二百餘尊石刻造像中，唐高宗調露元年（公元679年）觀音峰李實所造的3尊佛像最具代表性，屬桂林石刻造像之冠。天然石窟的佛龕，高3.8米，寬2.6米；毗盧遮那佛像高1.20米，胸寬0.79米，臺高0.52米的蓮臺臺座。毗盧遮那佛的左右有兩尊脅持菩薩，在這『一佛二菩薩』式的組像下方有記載造像年代和經過的造像記。騮馬山有摩崖石刻造像23尊，造像多具有典型的唐代風格。伏波山有唐宋時期的石刻造像二百餘尊，主要分佈於呂祖洞、環珠洞以及千佛洞中，此山除佛教造像以外，還有諸多道教造像。疊彩山上摩崖石窟造像雲集，其中有唐、宋時期摩崖佛像共計24龕90餘尊，造像題材主要為釋迦牟尼、阿彌陀佛以及各自的脅侍菩薩和脅侍弟子。造像的地域特徵和時代特徵較為明顯，唐代造像蜂腰裸臂，衣著開放，而宋代造像寬袍大袖，穿著保守。

第三章　長江流域的早期佛像

一　長江流域的早期佛像特征

我國南方的早期佛教造像主要分佈於長江流域，上游地區的早期佛像主要分佈於四川、重慶以及雲南地區，據粗略統計，已出土東漢佛像三十餘例以及蜀漢佛像5例。就佛像內容來看，有供奉的佛像、與佛教相關的人物像以及佛教象徵圖像等。其中四川彭山東漢永元十四年的尖頂帽胡俑、重慶豐都東漢延光四年的搖錢樹佛像、雲南大理東漢熹平年間的尖頂帽胡俑和保山蜀漢延熙十六年的尖頂帽胡俑都是有著明確紀年的，以重慶豐都東漢延光四年（公元125年）的搖錢樹佛像為最早。此外，貴州清鎮以及陝西南部的漢中城固等地出土的搖錢樹佛像也是長江上游地區重要的早期佛像藝術遺存。

由長江上游地區發現的佛教藝術遺存可知，搖錢樹佛像為該區域內早期佛像的代表，其與古印度佛像有著密切的關係。『搖錢樹是漢魏時期流行於巴蜀地區的獨特文物。它由樹座和樹幹、葉片兩部分組成，樹座多為陶質，也有石質，形狀多為上小下大的山形，也見羊、獅、神獸等動物造型；樹座頂部有直徑1至5釐米的插孔，以插樹幹。樹幹和葉片由青銅鑄造，樹幹較長，其上有4至6節，每節有4個插孔，每個插孔掛1至2枚葉片，葉片上鑄有神仙、社會生活、動物、植物和錢幣圖案。搖錢樹體形高大，一般高1.4至2米，最高者當屬四川省綿陽何家山二號墓出土的搖錢樹，其高度達到1.96米。』[1]長江上游地區已發現的搖錢樹佛像一般是鑄於樹幹的，其中有兩例是鑄於枝葉的。搖錢樹佛像的藝術表現手法，體現出漢代藝術古樸、簡練、刻畫細緻的風格。從佛像的高肉髻、頭有橫橢圓形項光、手印、結跏趺坐以及衣著特徵來看，搖錢樹佛像與古印度佛像在程式儀軌、藝術表現手法方面具有較為明顯的相似之處。東漢佛像頭有項光的居多，除搖錢樹佛像外，樂山麻浩、柿子灣的崖墓石刻佛像也有圓形項光。在漢魏《四十二章經序》中有記載：『昔漢孝明皇帝，夜夢見神人，身體有金色，項有日光，飛在殿前。意中欣然，甚悅之。明帝問群臣，此為何神也？有通人傅毅曰：「臣聞天竺有得道者，號曰佛，輕舉能飛，殆將神也。」』由此亦可得知，佛像有項光，自東漢有之。搖錢樹佛像多是左手捏衣角，右手施無畏印。另外四川樂山麻浩、柿子灣的崖墓石刻佛像以及彭山崖墓出土的陶座佛像，這些東漢佛像也都是施無畏印的。無畏印相，即佛經中所說的舉手說法，右臂屈肘，略成直角，右手掌心向外上舉於胸前，五指自然舒展，象徵佛力無邊，佈施無怖給眾生。從搖錢樹的文化寓意來看，與古印度的聖樹崇拜有很大的淵源。搖錢樹佛像與『西王母式』畫像有異曲同工之處，搖錢樹上的佛像位置與西王母位置基本相同，例如，出土於四川綿陽何家山二號墓的搖錢樹，一壁形物上的西王母位於搖錢樹頂部的枝葉上，而四川安縣以及陝西城固出土的搖錢樹佛像也坐於相同的位置；另外，1975年四川彭山地區出土的西王母坐於龍虎座上的畫像磚，西王母左右兩側各有一人作祈請狀，這一人物組合與彭山崖墓出土的搖錢樹陶座佛像一致。由此表明，長江上游地區的搖錢樹佛像形製沿襲了該地富有地域特色的錢樹形製。以佛陀取代西王母形象，以居於佛陀兩側的脅侍取代西王母兩側的人，顯然，這裏的『佛』，是被世人當作了類似西王母之類的外來的可以賜福於人的神仙。這一點，雷同於《後漢書》所載楚王英浮屠老子並祀一事，也說明在當時佛教還未自成體系。搖錢樹最初多發現於長江上游地區，近年來據長江流域宗教文化研究課題組田野考察所得，在長江中游地區的湖南以及江西等地也有遺存。

發現於樂山麻浩、柿子灣的崖墓佛像以及彭山崖墓的陶座佛像，就佛的姿態、頭光、手印、著裝等，也具有頗為規範的古印度佛像儀軌。樂山麻浩崖墓的佛坐像，高肉髻，有圓形項光，左手提衣角，右手施無畏印，通肩式衣於胸前呈『U』字形，結跏趺坐。樂山柿子灣崖墓的兩尊佛坐像，刻於門楣之上，除項光略小之外，佛像的程式與麻浩崖墓的基本相同。彭山崖墓的陶座佛像，為一佛二脅侍式，釋迦牟尼居中，大勢至和觀音菩薩分居兩側，佛像高肉髻，右手施無畏印，通肩式著裝，結跏趺坐。以上各地出土的佛像，通肩式著裝以及佛像右手施無畏印等特徵，與古印度犍陀羅早期佛像的程式完全吻合。犍陀羅早期佛像為束髮形肉髻，而後演變為螺髮狀肉髻，著裝通常為通肩衣，即通常所說搭於雙肩的無袖衣，犍陀羅晚期佛像才開始有袒露右肩或是露出雙腳等特徵。

二 長江流域早期佛像的分佈

長江中游地區早期佛像多分佈於湖北、湖南、安徽以及江西地區，其中湖北武漢蓮溪寺東吳永安五年的鎏金銅佛像和白毫相俑、湖南長沙西晉永寧二年的白毫相俑、安徽省馬鞍山市當塗縣西

❶ 何志國.搖錢樹佛像與印度初期佛像的關係.美術史研究，2005，2.

晉太康七年的神瓶、江西省宜春市靖安縣西晉太康九年的佛獸鏡是中游地區有著明確紀年的佛像。據不完全統計，該地區有東漢佛像2例，東吳佛像6例，西晉佛像21例，東晉佛像1例。❶內容以佛獸鏡以及陶瓷器為代表，據相關文獻記載，湖北鄂城、湖南長沙、安徽和縣和江西南昌、靖安、餘幹等地都有佛獸鏡出土。佛獸鏡，是『佛飾鏡』的一種，以銅鏡作為佛教造像的載體，在銅鏡上塑造獨立的佛像或者是與佛教相關的圖案繪飾，常見有釋迦牟尼像、飛天像等。以湖北鄂城寒溪公路出土的佛獸鏡為例，『該鏡直徑15釐米，平緣，緣部飾連續的流雲紋。外區主要是一周由許多奇禽異獸組成的畫文帶。內區的主紋由四組神像和四個獸形交互地配置而構成。四組神像之中，有兩組各僅一像，分別為東王父或西王母。另兩組各為二像，其中一組為二個侍神，而另一組則為二尊佛像。由於佛像的存在，此鏡可稱畫文帶佛獸鏡。鄂城寒溪公路出土的這枚畫文帶佛獸鏡上的二尊佛像，一為坐像，一為立像。坐像結跏趺坐，兩手姿式不明，頭部可能有項光，只是因鏡面銹蝕，項光已模糊不清而已。最明確的是，這尊佛像系坐在蓮座上，仰蓮的蓮瓣十分清楚，足證其為佛像無疑。立像的細部形態雖不甚清晰，但它無疑是坐佛旁邊的夾侍。』❷據考古部門證明，認為鄂城的這枚佛獸鏡，製作於吳的中後期。這些發現於長江中游地區的佛獸鏡，無疑是我國早期佛教造像南傳系統中重要的組成部分。

長江下游地區的早期佛教造像主要分佈於江蘇和浙江地區。『該地區有紀年的佛像有：嵊縣東吳永安六年（263年）青瓷三足奩，南京趙士崗東吳鳳凰二年（273年）神瓶，江寧上坊東吳天冊元年（275年）神瓶，上坊索墅和慈溪西晉太康元年（280年）神瓶，嵊縣和湖州西晉太康九年（288年）神瓶，溫州西晉元康元年（291年）神瓶，吳縣西晉元康二年（292年）神瓶，南京郎家山西晉元康三年（293年）神瓶，揚州西晉元康七年（297年）神瓶，杭州西晉元康八年（298年）神瓶，蕭山東晉永昌元年（322年）神瓶。據不完全統計，該地區東漢佛像4例，東吳佛像20例，西晉佛像86例，東晉佛像2例。』❸由上述統計材料得出，長江下游地區的早期佛像主要是以神瓶，即魂瓶為載體。魂瓶是我國東南部長江下游地區發現的漢晉時期墓葬中常見的隨葬器物，有一件收藏於上海博物館的魂瓶刻有這樣的銘文：『會稽，出始寧，用此喪葬，宜子孫，作吏高遷，眾無極。』魂瓶的造型獨特，由上下兩部分構成，下麵部分為圓形的主體罐，上面部分一般堆附有四只小罐或者小罐的變形體，在魂瓶的頸腹間又有飛鳥瑞獸、仙佛人像、門闕樓閣或是樂伎雜耍等題材的堆塑。長江下游地區以魂瓶為載體的早期佛教造像，一般分為捏塑的立體佛像與貼塑的浮雕佛像兩種。這種將佛像貼塑於魂瓶上的做法，是人們希望佛可以超度死者的靈魂，使之升入天堂。魂瓶上的佛像，一般特徵是頭戴尖頂帽，身後有背光，通肩式著裝，結禪定印，結跏趺坐於蓮花臺座上。佛像的兩側，常見有雙獅座裝飾，造型上與長江中上游地區的西王母龍虎座以及雙獸座類似，體現了漢地傳統的神仙造型特徵。此外，魂瓶上有很多深目高鼻、滿嘴鬍鬚、合掌跪坐的胡人形象，據分析，極有可能是來自古印度的僧侶形象，這些都體現了長江流域早期佛教造像所受的古印度文化影響。

由以上長江流域早期佛像的分佈情況以及基本類型，一方面可以看出古印度佛像式樣對該區域佛教造像藝術的影響；另一方面，也體現出該區域內佛教造像藝術師在仿古印度佛像的基礎上繼而『本土化』的創造。由時間劃分來看，第一个阶段東漢西晉時期，此時期我國的佛教造像藝術主要集中於長江流域，在同時期的北方，未曾發現相關的佛教藝術遺存。這一時期長江流域的佛教造像主要受古印度貴霜時代恒河直流雅木納河興起的秣菟羅造像的影響，其中也有來自犍陀羅的部分影響。第二個階段是南北朝時期，古印度笈多時代的佛教造像藝術主要途經中亞傳入我國，南朝表現出與古印度南方海路的緊密聯繫，尤以來自印度南部和斯里蘭卡等地的佛教造像藝術的影響最為突出，也因梁武帝而加強了與古印度的直接聯繫。歷史上中國佛教造像的古印度影響較弱的時期，正是我國佛教本土化的強勁融合期。例如東晉時期，因統治者積極提倡以及有中外高僧共同弘傳，佛教的發展日益成熟，佛教造像作為佛教思想的藝術體現，成為了信徒禮拜的主要對象，開始作為獨立的雕塑題材而存在。據相關史料記載，東晉時期建佛寺1768座，且形成了廬山和建康兩個主要的佛教傳播中心。該時期的佛教造像活動十分興盛，有很多的帝王、高僧參與其中。《歷代名畫記》卷五中對東晉雕塑家戴逵的塑像事蹟有這樣的記載：『逵既巧思，又善鑄佛像及雕刻，曾造無量壽木像，高丈六，並菩薩。逵以古製樸拙，至於開敬，不足動心，乃潛坐帷中，密聽眾論，所聽褒貶，輒加詳研，積思三年，刻像乃成。迎至山陰靈寶寺，郗超觀而禮之，撮香誓曰云云，既而手中香勃然煙上，極目雲際，前後征拜終不起，太元二十一年也。』此記載表明戴逵造像『不拘泥於稿本、以觀眾為師』的態度，加劇了佛教造像的『中國化』進程。同時期的印度，正處於貴霜退出印度之後小國林立的混亂局面，笈多初期還未建立起成熟的佛像式樣，因而東晉時期屬於古印度影響中國佛教造像的低潮期。而梁武帝時期張僧繇所繪人物『面短而豔』，首創『凹凸花』以及同時期北方的『曹衣出水』，則都是受到笈多盛世佛像藝術的影響。張僧繇人物像『面短而豔』的特徵以及『凹凸花』技法，來自於阿旃陀壁畫的影響。唐代許嵩在《建康實錄》卷十七中有云：『冬，地大震。置一乘寺，西北去縣六裏，邵陵王綸造，在丹陽縣之左，隔邸，舊開東門，門對寺。梁末賊起，遂延燒至，陳尚書令江總舍跡書堂於寺，今之堂是也。寺門遍畫凹凸花，代稱張僧繇手跡，其花乃天竺遺法，朱及青綠所成，遠望眼暈如凹凸，就視即平，世咸異之，乃名凹凸寺。』❹而北齊曹仲達的『曹衣出水』也稱『曹家樣』，即被稱之為『裸像』的佛像藝術，則是受到印度笈多式薄紗貼體式佛像的影響。這些都體現出古印度佛像藝術對我國早期佛像藝術的深遠影響。

❶ 何志國.論早期佛像在長江流域的傳播——以漢晉考古材料為中心.東南文化，2004年第3期，總第17s9期，p28.

❷ 王仲殊.關於日本的三角緣佛獸鏡——答西田守夫先生.考古，第6期.

❸ 何志國.論早期佛像在長江流域的傳播——以漢晉考古材料為中心.東南文化，2004年第3期，總第179期，p28.

❹ [唐]許嵩.建康實錄.卷十七.中華書局，1986年.

第四章　長江流域佛教造像詳解

一　長江流域佛教造像的程式與儀軌

《釋氏源流》卷二中，關於『最初造像』有記載：『造像經云，佛在天宮安居三月為母說法，優陀延王渴仰思佛，發願造像，毘首羯磨天，工巧無匹，化身為匠。於佛初誕生日起工，不日而成。佛化三道寶階，從天而下，諸天翼從，威德熾盛，光明赫奕。如滿月在空，眾星共繞。如日初出，采霞紛暎。梵王執白蓋在右，帝釋持白拂侍左，諸天乘空而下，虛空音樂、妙香、雨花，四大天王，獻微妙供。佛告優陀延王，汝於我法中，初為軌則，更無有人，與汝等者，令諸眾生得大信利已獲福德。廣大善根，天帝告王，佛在天上，替王造像功德宜自欣慶。佛言，若人以綵續飾，金銀銅鐵鉛錫熔鑄，香木玉石雕刻，織繡作佛形象。乃至極小，如一指大，獲種種福報，功德無量。不生邊小國土，下劣種姓，不淨邪見，貧窮之家，生人天中，圓滿超眾，無諸病苦，不為毒藥刀兵諸橫傷害，不墮三途，不受苦報，滅種種罪，獲種種福。』

初期，我國的佛教造像，多是依照印度佛教造像的程式儀軌而造，其後才逐漸與我國本土文化磨合、交融，從而形成了頗具中國特色的造像。在一些經典佛教典籍中，有諸多與程式化佛教造像相關的記載。佛教造像需遵循的基本要求有『三十二種大人相』，以致『妙相莊嚴』，所謂的『三十二相』是：

①足下安平立像：立在大地上時，腳底與地面密切結合。②足下二輪相：兩個腳心各有一個『輪寶』肉紋。③長指相：兩手、兩腳都細長。④足跟廣平相：腳後跟寬而圓。⑤手足縵網相：手指腳趾間有肉皮縵網連絡之紋樣，如蹼，這一點漢化塑像中一般不塑出，或塑作五指併攏。⑥手足柔軟相。⑦足趺高滿相：腳背高起而圓滿。⑧腨如鹿王相：大腿骨像鹿腿般纖細而圓。⑨正立手摩膝相：雙手過膝的貴相。⑩馬陰藏相：陰處的一種變化，漢化佛像均造成著衣形態，此相不塑出。⑪身廣長等相：身長與兩手張開等長。⑫毛向上相：身上所有毛均向上長。⑬一孔一毛生相：身上每一毛囊生一青色毛。⑭金色相：全身現纖細的金色光輝，造像時以貼金塗金當之。⑮丈光相：身光照四面各一丈遠，造像時以後立屏風狀光背當之。⑯細薄皮相：皮膚細滑不容一點塵土。⑰七處隆滿相：七處即兩手、兩足、兩肩、脖頸。⑱兩腋下隆滿相。⑲上身如獅子相。⑳大直身相：身量七肘。㉑肩圓好相。㉒四十齒相：一般塑成閉口，牙齒不塑出。㉓齒齊相。㉔牙白相：佛像一般閉唇，二十二至二十四相均表現不出。㉕獅子頰相：臉蛋兒隆滿，像雄獅之頰。㉖味中得上味相：喉中常有津液，食物與之混合，其味無窮，造像無法表現。㉗廣長舌相：舌頭又寬又長，又軟又薄，伸出口來覆蓋面部直到髮際，造像不表現。㉘梵音深遠相：發音深沉，四遠皆聞，亦無法表現於造像。㉙真青眼相：瞳子如青蓮花色。㉚眼睫如牛王相：睫毛長而美，濃重而不亂。㉛眉間白毫相：兩眉之間略上處有一白毫，右旋盤成蛇蟠狀，放光，展開則可向前直射一丈五尺長。造像時於面部該處點一白點。㉜頂髻相：佛發自然成螺狀卷，頂上隆起一塊肉如髻形。造像作中國髻形，上亦有螺髮，髮常作青紺色。

佛像除遵循『三十二相』外，亦有『八十種隨形好』，二者合稱為『相好』。『八十種好』主要是在『三十二相』基礎上的微妙好相，對『三十二相』未提到的身體部位及特徵加以細講，涉及佛像的頭、面、眼、耳、鼻、口、手、足等處的奇特長相，頗具中國藝術的特點。一般來講，只有佛、菩薩能兼具『相好』，而轉輪聖王則只可具足『三十二相』。『八十種好相』指：❶

①指爪狹長，薄潤光潔。②手足之指圓而纖長、柔軟。③手足各等無差，諸指間皆充密。④手足光澤紅潤。⑤筋骨隱而不現。⑥兩踝俱隱。⑦行步直進，威儀和穆如龍象王。⑧行步威容齊肅如獅子王。⑨行步安平猶如牛王。⑩進止儀雅宛如鵝王。⑪回顧必皆右旋如龍象王之舉身隨轉。⑫肢節均勻圓妙。⑬骨節交結猶若龍盤。⑭膝輪圓滿。⑮隱處之紋妙好清淨。⑯身肢潤滑潔淨。⑰身容敦肅無畏。⑱身肢健壯。⑲身體安康圓滿。⑳身相猶如仙王，周匝端嚴光淨。㉑身之周匝圓光，恒自照耀。㉒腹形方正、莊嚴。㉓臍深右旋。㉔臍厚不凹不凸。㉕皮膚無疥癬。㉖手掌柔軟，足下安平。㉗手紋深長明直。㉘唇色光潤丹暉。㉙面門不長不短，不大不小，如量端嚴。㉚舌相軟薄廣長。㉛聲音威遠清澈。㉜音韻美妙如深谷響。㉝鼻高且直，其孔不現。㉞齒方整鮮白。㉟牙圓白光潔鋒利。㊱眼淨青白分明。㊲眼相修廣。㊳眼睫齊整稠密。㊴雙眉長而細軟。㊵雙眉呈紺琉璃色（黑中透紅為之紺）。㊶眉高顯形如初月。㊷耳厚廣大修長輪埵成就。㊸兩耳齊平，離眾過失。㊹容儀令見者皆生愛敬。㊺額廣平正。㊻身威嚴具足。㊼髮修長紺青，密而不白。㊽髮香潔細潤。㊾髮齊不交雜。㊿髮不斷落。(51)髮光滑殊妙，塵垢不著。(52)身體堅固充實。(53)身體長大端直。(54)諸竅清淨圓好。(55)身力殊勝無與等者。(56)身相眾所樂觀。(57)面如秋滿月。(58)顏貌舒泰。(59)面貌光澤無有顰蹙。(60)身皮清淨無垢，常無臭穢。(61)諸毛孔常出妙香。(62)面門常出最上殊勝香。(63)相周圓妙好。(64)身毛紺青光淨。(65)法音隨眾，應理無差。(66)頂相無能見者。(67)手足指網分明。(68)行時其足離地。(69)自持不待他衛。(70)威德攝一切。(71)音聲不卑不亢，隨眾生意。(72)隨諸有情，樂為說法。(73)一音演說正法，隨有情類各令得解。(74)說法依次第，循因緣。(75)觀有情，贊善毀惡而無愛憎。(76)所為先觀後作，具足軌範。(77)相好，有情無能觀盡。(78)頂骨堅實圓滿。(79)顏容常少不老。(80)手足及胸臆前，俱有吉祥喜旋德相（即卍字）。❷

除此之外，還有多種經典對不同類型的佛教造像的量度與儀軌做了規範化的要求。以程式化觀音造像為例，《佛說大阿彌陀經・光明大小分》❸中講到，聖觀音在最初是出現於西方三聖這一組合中，和大勢至菩薩一同分左右隨侍阿彌陀佛像。《補陀落海會軌》❹中描繪出各種聖觀音的形象，提到了聖觀音造像的程式。《觀無量壽經》❺中又對觀音形象詳加說明，最終確定了聖觀音的造像儀軌，文中提到了觀音造像頭頂化佛這一特徵，由此而成為了後世觀音造像的身份標誌。

❶ 楊維中.中國佛教百科全書・儀軌卷[M].上海.上海古籍出版社，2001，1.

❷ 李翎.佛教造像量度與儀軌[M].北京.宗教文化出版社，1998.

❸ 吳明.淨土五經述要[M].北京.北京圖書館出版社，1998.

❹ 大正新修大藏經.卷20[M].臺北.佛陀教育基金會，1990.

❺ 林世田點校.淨士宗經典精華[M].北京.宗教文化出版社，1999.

姚秦鳩摩羅什所譯的《妙法蓮華經》，其中的第二十五品《觀世音菩薩普門品》❶中詳細說明了觀世音菩薩於娑婆世界的利生之相，羅列了觀世音菩薩為救苦救難而顯現的三十三種化身，而後這些觀世音化身形象在漢傳佛教地區得以廣為流傳；《補陀落海會軌》中也有關於觀音三十三種化身的記載，與《觀世音菩薩普門品》中的三十三種化身相比，缺少了長者婦女身、宰官婦女身、婆羅門婦女身、居士婦女身等，取而代之的是人身、非人身、婦女身以及童目天女身，其餘的均與《觀世音菩薩普門品》中各種化身大同小異。該部經典詳細描述了觀音的三十三身形象，屬觀音的程式儀軌類記載；《大佛頂首楞嚴經》❷中記載有「三十二應」，與三十三身觀音像大同小異。其中卷六提到的無毗沙門天身、居士婦女身、長者婦女身、婆羅門婦女身、宰官婦女身、執金剛身以及迦樓羅身等七身，外加四天王國太子身、四天王身、女主身、人身和非人身，又將辟支佛身分為了獨覺身和緣覺身，其餘的基本與《觀世音菩薩普門品》是相同的；梵伽達摩譯的《千手千眼觀世音菩薩廣大圓滿無礙大悲心陀羅尼經》❸經典中，對觀音的千手千眼、手持法物及面相特徵等詳加描述，作為了後世千手千眼觀音形象的主要造像儀軌；北周耶舍崛多譯的《十一面觀音神咒經》，❹主要內容為頌念觀音菩薩十一面神咒，而後的十一面觀音造像也是來源於此經。該部經典描述了十一面觀音的形象，對手臂、手持法物等方面都作了詳細的規定。此外，《補陀落海會軌》的偈中也涉及到四臂的十一面觀音造像程式。

密教傳到中國是在唐代，元以後得到朝廷的扶持而流行，因此元朝以後在造像上出現大量密教形象。密教傳入西藏，形成藏密，藏密在造像上受尼泊爾影響，具有不同於漢地的特點，並且由於密教講究身、口、意三密，在服飾上、手印上、形象組合上為造像提供了更加豐富的形象因素，密宗造像更講求法度和儀軌。❺

密宗造像，有胎藏界和金剛界之分。胎藏界分佛部、蓮花部和金剛部三部，金剛界另加寶部與羯磨部造像。密宗造像以大日如來為最高本尊，以它為中心形成五方佛，又稱五智佛、五智如來、五聖或是五禪定佛。密教不僅視大日如來為本尊，還將其看作密教教理的核心。大日如來的形象，在金胎兩界並不相同。金剛界的，一般都位於五佛中央，身呈白色，為菩薩形，頭戴五佛寶冠，結智拳印，結跏趺坐於寶蓮花或是七獅子座上。胎藏界的大日如來，居於中臺八葉院中央，身呈金黃色，著白繒，同樣現菩薩形，頂戴五佛寶冠，結法界定印，寶蓮花座。

密宗的菩薩造像，多是多面多臂，手持各種法物，以觀音的各種化身為主，有千手觀音、十一面觀音、聖觀音、馬頭觀音、如意輪觀音、准提觀音、不空絹索觀音及密教三十三觀音等，以千手千眼觀音影響最大。千手千眼觀音有身作檀金色，一面千臂者；有身作黃金色，半跏趺坐於赤蓮花上，十一面四十手，前三面呈菩薩像，本面有三眼，右三面白牙向上，左三面為忿怒相，後一面暴笑，頂上一面現如來相者；有身作金色，千臂千眼五百面者。❻密宗菩薩像除上述種類外，還有千臂千缽文殊和地藏菩薩、八大菩薩類。

密宗明王像，秉受如來的教令，現忿怒相，形象一般為多面多臂，手持多種法物。密宗的天王像中四大天王最為常見，是有名的護法神，持國天王手持琵琶，增長天王手握寶劍，廣目天王於手臂纏有赤龍，多聞天王的左手握神鼠，右手撐寶傘。

漢地佛教，是指以漢語為傳播載體，流行於我國內地的佛教。本書所羅列的長江流域佛教造像，以漢地佛教造像為主。漢地佛教造像，作為我國佛教漢化的重要載體，具有鮮明的漢文化特色。常見的佛像有釋迦牟尼像、阿彌陀佛像以及藥師佛、彌勒佛、燃燈佛、多寶佛等。釋迦牟尼的形象多為思維菩薩像、說法像、禪定像或涅槃像。思維菩薩像是女性面相，四肢的姿態為：左手捏指，右手支頤，一腳下垂，另一腳盤起。說法像常是螺髮佛裝，結跏趺坐，左手施禪定印或握衣角，右手施無畏印。禪定像亦是結跏趺坐，右手掌心向上，壓於左手上。涅槃像是側身而臥的，雙眼微閉，左手放於身體上，右手支頤，雙腳呈伸直併攏狀。阿彌陀佛像的常見形象有坐像和立像之分，坐像結跏趺坐，兩手結禪定印，於掌心托缽或是金蓮臺；立像一般是左手托金蓮臺置於胸前，右手施與願印。藥師佛造像的特點有：一手持藥缽，一手持藥草或是左手持有藥器，右手結印。彌勒佛像有佛裝彌勒和菩薩裝彌勒兩類。佛裝彌勒像，螺髮，肉髻，白毫相，佛裝為袒右肩式或通肩式的袈裟，雙手結說法印，常結跏趺坐或者倚坐。菩薩裝的彌勒像，頭戴寶冠，頂有寶塔，身著帔帛，依菩薩裝束配有瓔珞、臂釧、手鐲等飾物，下半身為裙裝，常見坐姿為交腳坐。多寶佛的特徵：頭戴髮冠，雙手結智拳印，身著袈裟，結跏趺坐。

在我國長江流域漢地佛教造像中，最常見的菩薩像主要有文殊菩薩、普賢菩薩、觀音菩薩和地藏菩薩四類。文殊菩薩最常見的形象是，頭戴五髻寶冠，左手持青蓮花，右手持寶劍。普賢菩薩手舉法杵，坐於六牙白象上。中國早期的觀音菩薩像承襲印度，呈現蓄須的男子像，於唐以降完全女性化了，最常見的形象為聖觀音像，頭戴寶冠，寶冠中有化佛，裸上身或是身披天衣，腰束羅裙，佩戴有瓔珞、臂釧、手鐲等飾品，手執蓮花或雙手結印。地藏菩薩最初的裝束是菩薩裝，而後逐漸變為了剃髮圓頂的聲聞形，有雲遊相和舒坐相之分。雲遊相的地藏菩薩，頭戴紗帽，一手持錫杖，一手托摩尼寶珠；舒坐相一手結印，一手托摩尼寶珠。

羅漢造像，通常為剃髮的比丘相，分為十大弟子像、十六羅漢和十八羅漢等，造像形式以迦葉像和阿難像最為常見，分別站於

❶ 弘學編.妙法蓮華經[M].成都.巴蜀書社，2002.

❷ 林世田，李德範編.佛教經典精華[M].北京.宗教文化出版社，1999.

❸ 弘學疏注.千手千眼觀世音陀羅尼經疏注[M].成都.巴蜀書社，2006.

❹ 續藏書院.續藏經，第3冊[M].臺北.新文豐出版公司，1994.

❺ 李翎.佛教造像量度與儀軌[M].北京.宗教文化出版社，1998.

❻ 衛平香.湘桂黔邊界地區觀音造像異變研究[D].湖南大學碩士學位論文，2008.

釋迦牟尼佛的兩側，呈現相貌清瘦、高鼻深目的嚴謹持重形象。

長江流域的佛教造像形式，首先在面相、姿勢、手印、坐騎和裝飾等方面都遵循佛教造像的基本範式，但已不再嚴格遵守早期佛像的儀軌與量度。大量的造像，是按照信徒以及世俗審美的要求來造就的。如常見佛像釋迦牟尼佛的造就，其是佛教體系中至高無上的佛主，主要有站像和立像兩種，在這一地區，常見的姿勢不僅有標準造像中的結跏趺坐、半結跏趺坐或是善跏趺坐，雙手多結『禪定印』、『無畏印』和『説法印』，也有其他形狀的。又如阿彌陀佛，因是西方極樂世界的教主，具備佛的所有相好特徵，所以在造像的外形上，與釋迦牟尼佛類似，但印相不同，阿彌陀佛常施與願印，象徵普救衆生的慈悲施予之心，但在長江流域，也有不是與願印的。藥師佛的造型與釋迦牟尼佛、阿彌陀佛也尤爲接近，按佛教造像的儀軌，藥師佛應是一手執藥鉢，另一手執藥丸，關于藥師如來的形象，《藥師念誦儀軌》中記載有：『如來左手執藥器，名無價珠，右手結寶印，身披袈裟，結跏趺坐，安坐于蓮華臺上。』但在長江流域，諸多藥師佛并不是依此來造像的。至于彌勒佛，是未來世界的主宰者，在民間最爲流行。在長江流域雕造有一些宏偉的彌勒像。西藏扎什倫布寺裏的强巴佛，當屬我國最大的銅制彌勒佛像，同時它也是世界最高的青銅彌勒佛像，錦緞罩衣的佛裝巨大無比。我國最大的石雕彌勒佛像，是位于四川樂山市岷江東岸凌雲山上的樂山大佛。雕像身高71米，頭寬10米、長14.7米，眼、耳、鼻分別長3.3米、7米、5.6米，肩膀寬28米，頭上有發髻1021個，有『山是一座佛，佛是一座山』之稱。彌勒常見形象多是單尊的笑口彌勒佛，傳説契此和尚是彌勒的化身。宋《高僧傳》卷二十一有云：『釋契此者，不詳氏族，或云四明人也。形裁腲脮，蹙額皤腹，言語無恒，寢卧隨處。常以杖荷布囊入鄽肆，見物則乞。至于醯醬魚葅，才接入口，分少許入囊，號爲「長汀子布袋師」也。曾于雪中卧，而身上無雪，人以此奇之。有偈云：「彌勒真彌勒，時人皆不識」等句。人言慈氏垂迹也。布袋化寂後，鄉人共埋之，後有他州见此公，亦荷布袋行，江浙之间多图画其像焉。』笑口弥勒佛形象，是『中国化』的佛教神祇，称其『开口便笑，笑天下可笑之人；大腹能容，容天下难容之事』。虽无经典作为依据，但是祖胸露腹的『布袋和尚』形象已成固定模式，而在长江中游地区却常见有童子伴弥勒佛嬉戏的，这与传统共识中的弥勒造像的程式仪轨相差甚远。此外，从造像形体上而言，伴随着家居修行與『居士』、『處士』文化流行，民眾的造像與供奉造像觀念發生變化，由過去的寺觀造像與活動供養，逐漸轉變為民間家庭式供奉。因此，長江流域佛教造像的尺寸與体量感明显变小，以方便供奉於家中神龕之內的小巧型居多，同時也便於外出時攜帶供奉。尤其是明清以來的佛教造像，更是如此。

最後，在造像的程式儀軌方面，最值得一提的是長江流域觀音造像的異變特徵。這是長江流域尤其是長江中游地區佛教造像的一大特色。對於變化多端的觀音形象，《妙法蓮華經卷第七》觀世音菩薩普門品第二十五，記載有其三十三種化身，是漢地佛教顯教觀音最常見的造像形態：『善男子若有國土眾生，應以佛身得度者觀世音菩薩即現佛身而為說法，應以辟支佛身得度者，即現辟支佛身而為說法，應以聲聞身得度者，即現聲聞身而為說法，應以梵王身得度者，即現梵王身而為說法，應以帝釋身得度者，即現帝釋身而為說法，應以自在天身得度者，即現自在天身而為說法，應以大自在天身得度者，即現大自在天身而為說法，應以天大將軍身得度者，即現天大將軍身而為說法，應以毘沙門身得度者，即現毘沙門身而為說法，應以小王身得度者，即現小王身而為說法，應以長者身得度者，即現長者身而為說法，應以居士身得度者，即現居士身而為說法，應以宰官身得度者，即現宰官身而為說法，應以婆羅門身得度者，即現婆羅門身而為說法，應以比丘比丘尼優婆塞優婆夷身得度者，即現比丘比丘尼優婆塞優婆夷身而為說法，應以婦女身得度者，即現婦女身而為說法，應以童男童女身得度者，即現童男童女身而為說法，應以天龍夜叉乾闥婆阿修羅迦樓羅緊那羅摩睺羅伽人非人等身得度者，即皆現之而為說法，應以執金剛神得度者，即現執金剛神而為說法。』❶《補陀落海會軌》中也對觀音三十三身的形象有著細緻的解說：『佛身：金色佛形，舒左手安膝，右手結說法印。辟支佛身：身呈白肉色，中年比丘相，二手合掌。聲聞身：身相為白肉色，熾年比丘相，持三衣函，身披僧伽梨。大梵王身：面門白肉色，四面三目八臂兩足，左第一手三股，次手蓮花，次手軍持，次手白拂。右第一手拳印，次手利矛，次手四智鏡，次手施無畏。帝釋身：面門白肉色，左手拳印，右手一股杵。自在天身：面門白肉色，持紅蓮花。大自在天身：面門紫蓮花色，二手利矛，乘大黑水牛。天大將軍身：面門赤肉色，二手合掌。毗沙門身：面門深黃色，忿怒降魔相，左手寶塔，右手寶劍。小王身：面門赤肉色，二手合掌。長者身：面門白肉色，持如意寶，大富貴人相。居士身：面門白肉色，持摩尼寶，大家長者相。宰官身：面門赤肉色，二手合掌，官人相。婆羅門身：面門赤肉色，首尾比丘僧狀，著白素俗衣，二手執錫杖。比丘身：皮皺赤肉色，威儀大德相，持鉢。比丘尼身：身呈白肉色，老女人相，持紅蓮花。優婆塞身：面門白肉色，頭戴白冠，著百結衣白衣俗人相，持修行器。優婆夷身：面門白肉色，長髮女人相，持蓮华篋。人身：面門白肉色，貴人相，持妙蓮花。非人身：身相大青，惡栴陀羅相，左手張弓，右手持矢箭。婦女身：面門白肉色，諸天采女狀，受敬愛相。童目天女身：身相白肉色，二手持紫蓮。童男身：面門珂雪色，年幼女人相，持青蓮花。天身：身相紅蓮色，左手持蓮花函，右手持妙蓮花。龍身：身相大青色，頂上現龍頭，瞋恚忿怒相，二手握黑雲。夜叉身：身相赤肉色，頂上火焰冠，二手持三股。乾闥婆身：身相赤肉色，頂上八角冠，左手持簫笛，右手持寶劍。阿修羅身：三面青黑色，忿怒裸形象，六臂兩足，二手合掌，左第二手火頗胝，次手刀杖，右第二手水頗胝，次手鎰印。迦樓羅身：身相青黑色，面門妙翅鳥，人身有羽翼，左手作拳著腰，右手持金剛鉤。緊那羅王身：獐鹿馬頭面，人身裸形象，持音聲器。摩睺羅迦身：蛇頭貴人相，二手抱笙笛，或以杖擊鼓。執金剛身：身相赤肉色，忿怒

❶ 手抄本.妙法蓮華經卷第七[M].湖南大學嶽麓書院.中國村落文化研究中心藏書.

降魔相，有髮髻焰鬘冠，左手以拳押腰，右手持金剛杵。❶密教觀音的儀軌特徵如下：千手千眼觀音：《大悲心陀羅尼經》有記載：『觀自在菩薩於往昔聞廣大圓滿無礙大悲心陀羅尼，為利益一切眾生，乃發具足千手千眼之願，而即刻得其身』。❷千手千眼觀音主要有四十手眼和千手千眼兩種，再左右各有二十手，前者形象多是觀音左右各有二十手，手中各有一眼，總共是四十手四十眼；另外一種千手千眼觀音形象是『面有三眼，臂有千手，於千手掌各有一眼，首戴寶冠，冠有化佛。其正大手有十八臂，先以二手當心合掌，一手把金剛杵，一手把三戟叉，一手把梵篋，一手執寶印，一手把錫杖，一手拿寶珠，一手把寶輪，一手把開敷蓮花，一手把羂索，一手把楊枝，一手把數珠，一手反澡灌，一手施出甘露，一手施出種種寶雨，施之無畏，又以二手當臍右押左仰掌。其餘九百八十二手，皆於手中各執種種器仗等印。』❸十一面觀音：在汉譯佛教經典中出現較早，共有十一個顏面，面貌不一的十一張臉重疊而上排列著。正面的三面是常見的善面慈悲相，左側的三面是嗔怒相，右側的三面是獠牙上出相，剩下的背後一面是暴惡大笑相。十一面觀音也有二臂、四臂、八臂之分，手結不同法印。聖觀音：基本造型與顯教觀音基本雷同，《補陀落海會軌》對聖觀音的標準形象記載有：『此尊位於胎藏界曼荼羅蓮華部中，身呈白肉色，頭戴寶冠，左手持蓮花，右手微啟，呈蓮花形。此外，尚有其他種類之形像。』❹此外，《觀無量壽經》也有相關記載：『此菩薩身長八十萬億那由他由旬，身紫金色，頂有肉髻，項有圓光，面各百千由旬。其圓光中，有五百化佛如釋迦牟尼；一一化佛，有五百化菩薩，無量諸天，以為侍者。舉身光中，五道眾生，一切色相，皆於中現。頂上毗楞伽摩尼寶以為天冠，其天冠中，有一立化佛，高二十五由旬。』❺馬頭觀音：是八大明王之一，又稱馬頭尊。其一般形象為：置馬頭於頂，面有三目，獠牙顯露，頭髮倒豎，現大忿怒形。常見有一面二臂、一面四臂、三面二臂、三面四臂、三面八臂、四面二臂、四面八臂等。如意輪觀音：一般是手持如意寶珠和輪寶出現，象徵能廣濟一切眾生之苦，從而成就眾生之願望。如意輪觀音多為六臂的坐像，左膝盤坐，豎起右膝，右邊第一手支頤，現自在灑脫的『思維相』。如意輪觀音的六手各有寓意：『右方第一手為誓願救拔地域道之手；第二手托如意寶珠置於胸前，為誓願實現一切願望，救拔餓鬼道之手；第三手持數珠而倚膝，為誓願救拔畜生道之手。左方第一手置於蓮華瓣上，有的按在一座山形物即「光明山」上，為誓願救拔阿修羅道之手；第二手持蓮華，為誓願救拔人間界之手；第三手捧法輪於眉前，為誓願救拔天界之手。』❻准胝觀音：主要功德為護持佛法，且為短命眾生延壽護命。常見有二臂、四臂乃至八十四臂等九種形象，其中以十八臂三目之相最為普遍，一般身著輕羅綽袖之衣，腰系綬帶，手腕飾以白螺。不空羂索觀音：也稱『不空王觀世音菩薩』，象徵觀音菩薩以慈悲之羂索愛護接引眾生，救度化導眾生，庇佑其心願不會落空。一般形象為：首戴化佛寶冠，一面四臂、一面十八臂、三面四臂、三面六臂、三面十臂、三面十八臂或是十一面三十二臂等，面目熙怡，手持蓮花、澡瓶、念珠等，身著白衣，坐或是立於蓮華之上。此外，密教也有三十三種觀音之說，其實是將密教的主要觀音形象（如六觀音和七觀音等）

外加上曼荼羅中的一些觀音形象而形成的。只是為了對應《普門品》中的觀音『三十三身』。其中有經典記載的白衣觀音、青頸觀音、多羅尊觀音、葉衣觀音以及阿摩提觀音等多種顯教所推崇的觀音，也是密教所尊崇的觀音形象。以上所述，為顯教和密教觀音的基本程式儀軌特徵，但是在我國的長江中游地區，觀音造像明顯呈現出與該區域民族民俗相關的造型特徵以及世俗化和區域化的特點，出現了諸多未在佛教造像儀軌中三十三種觀音之列的觀音形象，如伴有童子數量不一的送子觀音、『輪王坐』觀音，其中以送子觀音尤為特殊。《佛說造像量度經》中『佛像量度經序』有云：『從來修佛果者，六度為先。成佛因者，造像第一。昔如來住世，金相流輝。原有量度，古有造鍍穸大像，且獲福無疆，況志心造像，而不遵量度可乎。漢唐以來，此方國王大臣士庶緇流，造像供養者，不可勝紀。然造者多，而如法者少。』佛教造像程式儀軌中並未有關於送子觀音的記述，只有《妙法蓮華經》卷七有簡略的提法：『若有女人，設欲求男，禮拜供養觀世音菩薩，便生福德智慧之男，設欲求女，便生端正有相之女，宿殖得本，眾人愛敬』。由此後世民間有懷抱嬰孩的送子觀音形象出現。然而長江中游地區的送子觀音，並非只有菩薩懷抱一童子的形象，而是童子數量有一、三、五、七、九不等，尤其是九子觀音居多。九為陽數之終極，表達出信眾祈求多子多男丁的願望。九子觀音是佛教與湖湘文化相結合的產物，『惟楚有之』，在佛教典籍中未見相關記載。這種形象是與當地的民間信仰有關聯的，《荊楚歲時記》有云：『荊楚以四月八日諸寺各設會，香湯浴佛，共作龍華會，以為彌勒下生之征也。荊楚人相承，四月八日迎八字之佛於金城，設幡幢鼓吹，以為法樂。荊楚人相承，此日迎八字之佛於金城，設幡幢歌鼓，以為法華會。荊楚人相承，以是日迎八字之佛於金城。又曰，長沙寺閣下九子母神，是日市肆之人無子者，供薄餅以乞子，往往有驗者。』❼在湖湘的古老習俗裏，一母能生九子，尤為罕見，自然會被神化，於是民眾就把女歧、九子神與送子觀音相結合，由此形成了湖湘獨有的九子觀音。『輪王坐』觀音也並未在程式化觀音之列，卻在長江中游地區屢見不鮮，通常是左腳深屈於內，右腳直立，左手下垂，右手放於右膝上，上半身稍傾於左方。此外，還有變形觀音一類，所謂的『變形』主要體現在頭飾造型和著裝方面。常以鳳冠、蛙冠等特殊的頭飾替代了頭戴寶冠、寶冠中有化佛的觀音形象。

❶ 手抄本.妙法蓮華經卷第七[M].湖南大學嶽麓書院.中國村落文化研究中心藏書.
❷ 續藏書院.續藏經第3冊.臺北.新文豐出版公司，1994，473.
❸ 馬書田.中國佛教諸神.團結出版社，2002年1月，P137.
❹ 轉引自丁福保.佛學大詞典・聖觀音.上海.上海書店，1991.
❺ 林世田點校.淨土宗經典精華.北京.宗教文化出版社，1999，51.
❻ 馬書田.中國佛教諸神.團結出版社，2002年1月，P142.
❼ [梁]宗懍撰，宋金龍校注.荊楚歲時記.山西人民出版社，1987年9月.

二 長江流域佛教造像的組合與一般供設程式

佛教造像的神尊組合，是佛教教義中的等級秩序在造像中的體現。按佛教造像的常規儀軌與程式，主尊佛的造像體量要遠遠大於其他菩薩像和佛弟子諸像，並往往以高大的單尊或體量反差很大的佛與菩薩或佛與弟子的組合供設程式，來體現出佛的地位以及莊嚴感。長江流域佛教造像的供奉形式，除單尊像之外，組像供奉的亦頗為常見。

一是『一佛二菩薩』式。由一尊佛像與兩尊脅侍菩薩構成，一般是釋迦牟尼佛居中，左脅侍為文殊菩薩，右脅侍為普賢菩薩，文殊菩薩專司智慧，而普賢菩薩專司理德。佛陀和文殊、普賢二位菩薩組成的造像題材，為『釋迦三尊』，又被稱為『華嚴三聖』，即是華嚴經中所指的華藏世界的三位聖者，文殊菩薩以智，普賢菩薩以行，分別輔佐於釋迦牟尼佛的法身毗盧遮那佛左右。此外，長江流域的佛教造像，也常見由阿彌陀佛與觀世音、大勢至兩位脅侍菩薩一起的組合；由藥師佛和日光、月光菩薩在一起的組合也不在少數。此種『一佛二菩薩』式的造像組合，早在四川彭山地區出土的一件漢代陶佛座中便有體現，中間為佛坐像，左手握衣裾，右手施無畏印，佛像的左右兩側分別為雙手呈揖拜狀和持蓮花莖的脅侍。

二是『一佛二菩薩二弟子』式。由一尊佛像和兩尊菩薩像及兩尊弟子像組成，多是由釋迦牟尼佛和文殊、普賢菩薩及十大弟子像中的迦葉、阿難組成。有的還有左右二天王，組成一套完整的組合。這種一佛、二弟子、二菩薩和二天王，或是再加上二力士的人物組合佈局，則是在唐以後就很常見的。

三是『一佛二弟子』式。該種組合，在長江中游地區最為常見。在該區域內，『一佛二弟子』式比『一佛二菩薩二弟子』式的組合更為普遍。此處的『佛』，亦包括菩薩類。常見有觀音像居中，二弟子分別居於其左右兩側的組像。

四是同時供奉三尊佛像，即『三世佛』。『三世』是佛教的說法，有『豎三世』和『橫三世』之分，是佛教教義中業報輪回理論的依據之一。所謂『世』有『劫世』和『地域』之意，前者寓意中的『三世』象徵過去、現在和未來，是從時間上說的，這種造像題材被稱為『豎三世』，現在佛釋迦牟尼佛居於正中，左側是過去佛燃燈佛，右側是未來佛彌勒佛。作為『地域』、『世界』理解的『三世』，意為東、中、西三個不同的世界，中間是主管娑婆世界的釋迦牟尼佛，東方淨琉璃世界的藥師佛居左，西方極樂世界的阿彌陀佛居右。『三世佛』的身軀比例是相等的，手印有所不同，均為坐像。

五是『一菩薩二脅侍』式。『脅侍』，是指金童玉女像或者力士像。此類造像組合，多以木雕、竹雕造像形式出現，尤以木雕造像居多。最為明顯的特徵是，觀音菩薩像的體量遠遠大於脅持像。由此來看，觀音菩薩在民間有著極高的地位，尤其是在長江中游地區，觀音菩薩的地位甚至是在釋迦牟尼佛之上的。民眾認為觀音菩薩離他們的生活更加貼近，將觀音視為救苦救難、無所不能的神。此種現象在湖南大學中國村落文化研究中心所藏佛教造像記中也可得到印證。造像記中記載的民眾敬奉的佛教神祇，十有八九為觀音菩薩。因觀音在民眾心目中的地位遠遠超過了其他佛教神祇，在『一菩薩二脅持』的造像組合中，觀音菩薩的體量明顯高大，就不足為怪了。此類組合中，觀音菩薩的形象也頗具地域特色，在下節長江流域佛教造像的造型與風格中將細述之。常見是觀音菩薩居中，金童玉女或者是二力士分居兩側。金童玉女本身並無明確的宗教屬性，佛教造像的程式儀軌中也未曾對其作細緻的要求，因此，雕工們的自主性更強。

最後一種極具特色的組合是『眾神供奉』，是指佛教造像與道教造像或是地方性的神靈、祖先造像同時供奉。位於株洲的龍門古寺，觀音大士居於觀音殿的正中，但兩側卻供奉有元始天尊以及趙公元帥；此外，衡山的南嶽大廟，東側有八個道觀，西側有八個佛寺；祝融殿內，南嶽司天昭聖帝後面供奉有佛教的觀音菩薩像和道教的雷神像。《顧頡剛讀書筆記》第一卷中曾提到：『除了佛像外，有關帝，有雷神，有華佗，有王通，聖母。此甚有趣，蓋鄉人所需求，不過這幾樣。有了這幾樣，可以搶去城中香火也。這種寺，算它道教呢？還是佛教呢？所以，我想，中國人只有拜神觀念，並無信教的觀念。』在長江流域，不乏佛道共存的造像組合陳列，甚至在有些地區，有在同一尊造像中佛、道交融的現象，例如頭戴道冠的觀音像。有這樣一件清早期的香樟木雕版，將佛道眾神像雕造於一塊較厚的木板之上。雕版高58cm，寬36cm，上面兩行雕造的是道教神祇中的八仙神像，下面分別雕造有雷公神、福祿壽三神、財神以及文殊菩薩和觀音菩薩等。❶此類造像組合，是受到民眾迎祥納福觀念的影響，在普通民眾看來，佛、道神祇，多有福祿長壽之意，因此佛、道不分。而且在一些民間造像中，並未嚴格按照佛、道造像應有的儀軌而行，雕工們常常將二者混為一談，難以區分，信眾則一併供之。與此同時，佛、道造像又與傳統的尊神相融合，而出現佛、道與祖先或其他地方神靈同時供奉的現象，配以福、祿、壽、喜、財等主題的吉祥圖案，有著深厚的文化和歷史內涵。比如，民間常見有將祖宗先人的遺像與觀音、壽星佬、土地公、財神等同時供奉於家中。此種宗教文化現象，實屬國內罕見。說到『眾神供奉』，還值得一提的是『三教合一』思想對我國佛教造像的影響。三教合一，是指儒、佛、道三教的相互融合，是一個長期過程，其中雖有矛盾和鬥爭，但總體是相互滲透和融合的，保持了中國思想文化的統一性，從而豐富了中國傳統文化，並促進其發展。其中，儒教和道教，是中國的固有文化，相對而言，佛教則是外來的異質文化。在整個三教合一的過程當中，二者對佛教都有一定的影響力。尤其是在民間信仰方面，儒、佛、道三教彼此間的界限趨於模糊，體現於造像方面，可見其程式儀軌的變化。如觀音造像與中國傳統文化的融合，結合中國傳統的孝道、長生、子息、仁善、神靈等文化，成為融入了中國傳統文化的信仰對象。送子觀音信仰，即是滲入了儒家的忠孝觀念——不孝有三，無後為大，而送子觀音這一造像形式在佛教中本是無依據的，卻因儒家的正統思想成為了廣為人知的觀音化身，從而成為了佛、儒融合的成果之一。可以說，長江流域『眾神供奉』的造像陳列，與『三教合一』思想是有著緊密聯繫的。

❶ 此例證實物，為湖南大學中國村落文化研究中心所藏，下文所列皆同。

三 佛教造像的材料與工藝

因自然地理原因，長江流域所產生的佛教造像與其他地區相比，在造像材質上有着很鮮明的特徵。雖然有木雕、石雕、泥塑、玉雕、陶質、夾（貼）紙、鐵鑄、銅鑄和銅鑄鎏金等類型，但總體以木、石材質居多，因爲木材及石材是其生產和生活中常見的原料。比如長江上游地區的四川，其地具備開鑿石窟造像的地理優勢，據統計，全省近50個縣市都有比較集中的摩崖造像，自唐代曾一度成爲我國石窟摩崖造像之冠，衹是唐龕在10個以上的分佈點就達120餘處。長江流域的湖南、浙江、廣東、福建等地，曾一度成爲我國木雕造像的主要產區，也成爲了我國木雕造像的主要出產地之一，尤其是居于長江中游地區的湖南。除滿足本地信衆的供奉需求之外，湖南所造木質雕像還爲周邊地區的信衆提供了大量的木雕造像。這一情況曾在我們所進行的『長江流域佛教造像』專題田野考察中得到過明確無疑的實物印證。現在流入我國各地區文物市場中的木雕佛像，有很多來自湖南。湖南地區的造像，以量多、工精最爲稱道。造像木料有樟木、楠木、梓木、柚木、黃楊木、白果木等，其中又以香樟木居多。香樟木爲常綠喬木，生長期較長，屬稀有名貴木材，其特有的香氣，有防蟲防蛀及驅霉隔潮的功效。陸游曾在《老學庵筆記》中具體記載了公元1111年冬天，在與湘西南之新寧、城步、靖州接壤的下桂府，即今桂林龍勝一帶，徵收儺戲神明面具的情況：『政和中大儺，下桂府進面具一副計八百枚，老少妍媸，無一相似者。』這類巫儺神明之像，都是由氣味芬芳的樟木雕造。『昔儺像以神木（即樟木）雕鑿而成，其形怪异獰厲，以明色飾塗，不致損壞。』（明《靖州志·藝文卷》）❶由此可見，在湖南地區，香樟木自古便是雕琢良木。木材質造像，相比一次性成型的模鑄金銅造像，在表現技法上可以更加多樣和細膩。造像信徒在雕造佛像的過程中，注入了自身對佛的虔誠情感，因而人文關懷對造像活動的影響也是頗爲深厚的。木雕造像，比金銅造像更具情感化，其造型與視覺藝術效果，往往是金銅造像所不能比擬的，不僅富麗精美，而且每一尊都有其獨特的人文與宗教魅力。長江流域有多個地區的佛教造像以木材質爲主，也是佛教造像『平民化』的體現，尤其是明清時期，當時幾乎家家户户或多或少地供奉着幾尊佛教造像，雖歷經時代變遷，現今仍遺存有相當數量的木雕造像，諸佛造像與菩薩造像最為常見。同時長江流域的竹雕造像也極具特色，名家輩出，其中以湖南、江蘇、浙江最爲突出，體現出精湛的雕刻技藝及濃鬱的地方特色，這是在國内其他地區所不見或極爲罕見的。最後，長江中游的湖南地區又有造制瓷器的傳統，歷史上除了久負盛名的『長沙窑』之外，有清代醴陵的瓷器制造曾聞名中外。因此，中游地區尚存有不少陶瓷造像，其瓷面經敷釉後柔潤協調，亦頗具特色。

長江流域佛教造像的工藝，最具代表性的是夾紙造像和貼紙造像。在北方的造像中，則是以夾貯造像最為多見，而在南方，則只是在早期佛教造像中出現有夾貯造像工藝。『夾紵者，脱空像，漆布為之。』最初是東晉雕塑家戴逵將我國傳統的髹漆工藝中脱胎技術用在了佛像的塑造上，從而創造出了夾貯造像。這種造像的體量輕便，便於攜帶，『行像』之稱由此而來。據相關記載，東晉建康古刹瓦官寺供奉有戴逵親自塑造的夾貯佛像5尊，與顧愷之的壁畫維摩詰造像以及獅子國即現在的斯里蘭卡進獻的玉雕佛像一併稱為瓦官寺的『三絕』。後來，夾貯造像在南方地區逐漸稀少，而以夾紙造像和貼紙造像居多。夾紙造像承續了夾貯造像的工藝流程，具體製作方法是，先用泥捏成型（在黏土中摻入少量的纖維，將其搗勻，而後捏塑出佛像的泥胚），經陰乾之後，再蒙上皮紙，使其裹緊固定，最後施漆（彩繪），反復多次，待漆飾乾燥凝固，結成硬殼，掏空其中的泥胎即可。夾紙造像，尤其是在長江流域的民間被廣泛採用。一方面因為皮紙的成本低於貯麻布，且耗漆較少；另一方面由於皮紙比貯麻布更薄，較容易固定於泥胎表層，也更易於繪飾。此種造像以造型和色彩取勝，重量輕，色澤鮮亮且有很好的防潮防腐性。至於貼紙造像，即是在木、泥造像上，貼皮紙敷色彩，其中以貼紙描金最為常見。長江流域的佛教造像中，木雕、泥塑均為純手工製作，具有唯一性，但是在雕造木雕造像或捏造泥胚的過程中，難免會有些細部的製作不夠完美。而貼皮紙的做法，既能彌補雕工出現閃失的缺憾，又能掩飾材質本身的瑕疵，且製作起來相對簡單。貼皮紙之後，再敷色彩，上色容易，解決了木雕和泥塑造像顏色單一的問題。

長江流域佛教造像的雕刻工藝，頗有成就，有鏤空雕、浮雕、翻簧雕刻、印刻、留青雕、減（陷）地雕等，且各個時代的風格各異，比如明代的雕刻風格渾樸有力，清代的則追求精工尚巧。在佛教造像中，造像通常是圓雕或高浮雕，紋飾用線刻，方便造型。造像记『大清國湖南寶慶府新化縣永寧三都堪山邊廟王下青江山土地分居住 姓（信）士邱仁忠妻蔣氏長男義福妻黃氏次男義壽妻李氏 一家大小謹發成心處備彫刻觀音佛一尊 開光以後伏吃（乞）太道保右（佑）人口清泰養又深旺 乾隆貳拾陸年歲在辛巳正月初七日吉旦（原文此處為符） 處士邵陽曾若龍彫刻聖像』中記載有該觀音造像雕刻於湖南邵陽。湖南寶慶府（今邵陽）的雕刻技法精湛，歷明清兩代流傳至今，傳統技法除圓雕、浮雕、高浮雕、淺浮雕、透雕、減地陽刻、陰刻之外，還有單刀法、雙刀法、點刀法、排刀法、劃刀法、回刀法、顫刀法、逆刀法、順刀法、圓刀法之分。

四 佛教造像的造型與風格

印度佛像傳入中國後，廣大信徒和造像者，最初都是按照『西方』樣式造像的，按照印度佛像的程式儀軌力求形似，唐高宗時期僧人有云：『自泥恒以來，久逾千祀，西方製像，流式中夏，雖依經熔鑄，各務仿佛，名士奇匠，竞心展力，而精分密數，未有殊絕。』而後有記載：『晉世有譙國戴逵字安道者，風清概遠，肥逐舊吳，宅性居理，遊心釋教，且機思通贍，巧擬教化，思所以影響法相，咫尺應身，乃作無量壽脅侍菩薩。研思致妙，精銳定製，潛於帷中，密聽眾論，所聞褒貶，輒加詳改。』❷表明此時的造像者已將佛教造像與地域文化、民眾信仰等相結合，同時融入了新的審美觀，開始『巧擬教化』，進而『轍加詳改』了。

❶ 轉引自胡彬彬.湘西南木雕[M].天津人民出版社，2004.7.

❷ 『永樂北藏』整理委員會，永樂北藏・第139冊[M].北京.線裝書局，2004年.

中國最早出現的佛教造像，是古印度風格的再現，與傳統文化不符，並未被國人敬仰。逐漸地，在社會歷史、環境的影響下，形成佛教不斷中國化的過程，衍生出不同於原始印度佛教的中國特色的漢地佛教造像，打上了中國本土的印記。中國傳統形象與審美觀的融入，主要體現在出現了大量的中國佛畫家而逐漸形成了中國式的佛像造型風格。三國時期吳國曹不興是史載中最早以畫佛像知名的畫家，被稱為『佛畫之祖』；東晉顧愷之在瓦棺寺繪製的維摩詰壁畫，傳為畫史佳話；北齊曹仲達以畫『梵像』（西域風格的佛畫）著稱，其特點是『體稠疊而衣服緊窄』，即所謂『曹衣出水』，被譽為『曹家樣』。南朝劉宋時期的陸探微在前人基礎上創造了『秀骨清像』的造型風格，所謂『秀骨清像』，是指面相瘦長清俊，削肩修體，著褒衣博帶服裝，風姿飄逸瀟灑。它是當時社會上流行的文人高士和士族們崇尚的玄學思潮和悠然超世、曠達風流的審美情趣在佛像造型上的藝術體現。這種『秀骨清像』的造型風格不僅風靡南方，而且隨著孝文帝的漢化改革政策的實行，迅速廣泛地影響到北方地區的佛像造型。[1]諸如此類的佛畫風格特徵，與佛教造像相互影響、滲透，從而融匯成中國本土化的造像。以觀音像為例，大慈大悲觀音有三十二相、八十種好，《妙法蓮華經卷第七》中記錄有觀音的三十三種化身，亦男亦女。但在中國，民眾相信觀世音乃是妙莊王三女妙善（音）公主修道成佛的稱號，因此多以女身出現。而中國化的觀音形象逐漸演變為一手持淨瓶，一手持楊柳枝，身處蓮花座的女神，並且身跨佛道兩教，成為多數人所崇拜的對象。[2]菩薩女性化，是佛教造像本土化的一個標誌。更為生活化的女像觀音，以普通婦女、老婦等為藍本塑造，面相慈祥，表情生動，體現出傳統女性的賢良之美。即便是造型類似於密宗造像的多臂觀音，也多以慈善柔和的面貌特徵出現。

工匠們開始把生活中所見的形象運用於造像中，印證了宗教文化不過是現實世界的反映。佛教在中國曾被稱為『像教』，反映出多數人是通過佛教造像來認識和理解佛教的，佛教造像在某種程度上反映了佛教教義、教理和儀式的變化，這在各個時期因佛教觀念不同而導致佛教造像的改變方面體現得尤為顯然。我們知道，佛教造像因各個時代、地域的不同會出現不同的造像樣式，但是信眾們卻毫不在意，在其造像的過程中更多的是『我認為佛是如此』便按照『我認為的樣式』造像。梁慧皎《高僧傳》卷十三中所說：『夫法身無像，因感故形，感見有參差，故形應有殊別。』佛像之差別在於個人對佛的感觀的差別大小，而個人對佛的感觀則又受到其所處的歷史、地理環境的影響。所以就有了魏文帝的詔令『有司為石像，令如帝身』以及後來『菩薩如宮娃』、『釋梵天女皆是齊公家伎寫真』的做法。

長江流域的佛教造像在造像风格上，体现各个时代世俗社会所崇尚的审美模式。比如，明代的佛教造像回歸傳統審美：豐潤的面相，寬額高鼻，細眉長目，身材勻稱，衣著線條柔和。寶冠呈鏤空狀葉片，正中葉片為彎月形；臺座是束腰的仰俯蓮座，寬肥的蓮瓣；服飾邊緣刻有細碎花紋；腿部有橢圓形裙褶作裝飾；金水成色足，黃中泛紅……清代的佛教造像，著重工藝，講究精緻，造像多穿漢服；蓮座的底沿外撇，蓮瓣扁平規整且多數只圍大半；冠葉不同於明代，呈平板狀，不鏤空；衣紋處理方面，深受線描繪畫的影響，民間觀賞性的造像造型藝術得到發展。長江流域的造像藝匠們，大多生活在社會底層，對造像的創作體現出純粹世俗的審美觀念，造像從形態到神態多是世俗社會中平常人的特徵，菩薩像如同民間仕女形象，彌勒佛像袒腹大肚、笑容可掬，善財童子、龍女天真可愛。諸如此類的造像藝術，極具生活情趣，真實地映射出民間社會廣大民眾的生活理想。

在佛像的著裝方面，中國審美觀的體現更為明顯，受儒家思想文化的影響，服飾被認為是等級差別與地位權利的象徵。在古印度，佛裝在顏色方面有其嚴格的規定，且形製簡單。但隨著佛教傳入中國，受歷史、地域文化及風尚等因素的影響，漢地佛教的佛裝類型在承襲古印度舊製的同時，有很多增製，佛裝的顏色與古印度相比，沒那麼嚴格，除了法衣，形製上還增加了常服。法衣是僧人在佛事和法會期間穿著的服裝，主要有三衣、五衣、縵衣、衲衣、袈裟、傳衣、金襴袈裟、紫衣、黃衣、法衣、威儀細、掛絡、偏衫、裙子、直綴、禪帶、臥具、袈裟袋、打包和鉤紐等。❸常服則是指僧人在日常生活中的穿著，類型主要包括海青、帽冠、衫、褂以及鞋襪等。

三衣的顏色，一般不允許用上色或者純色，所有的新衣，選一處點染別種顏色，以便破壞衣色的整齊度而袪除對服飾的貪著，即為『壞色』或『點淨』，除此之外，對佛裝的可染用顏色和不可用的顏色也都有嚴格的規定，習慣上，赤色所用最多。

漢地佛教造像的佛裝，因自然地域及實際需要，除三衣外，還添置了其他服飾，且在顏色方面有新的規製，比如不同於袈裟的緇衣。緇衣，是在漢地服飾寬袖大袍的傳統式樣基礎上發展而來的，但顏色上有了的規定，一般為微帶赤意的黑色，即現在的『紅青』色。據說，這種『緇色』，是由我國傳統的宗教色——玄色演變來的。

於明代洪武初年，朝廷對佛裝的顏色做了正式規定，規定禪僧著茶褐色衣及清條玉色的袈裟，講僧著玉色衣及綠條淺紅色的袈裟，教僧著皂衣和黑條淺紅色的袈裟。明《禮部志稿》：『洪武十四年令，凡僧道服色，禪僧茶褐常服，青條、玉色袈裟；講僧玉色常服，綠條、淺紅色袈裟；教僧皂常服，黑條、淺紅袈裟。』又雲棲的《竹窗隨筆》中說：『衣則禪者褐色，講者藍色，律者黑色。』據《山堂肆考》云：『今製禪僧衣褐，講僧衣紅，瑜伽僧衣蔥白。瑜伽僧，今應赴僧也。』❹由此可見，明末期佛裝形製逐漸變化，發展到後來，一般均著黑衣。

長江流域的佛教造像，以通肩式和袒右肩的著裝居多，佛像大多是身披袒右肩式袈裟，菩薩多是身著露胸通肩袈裟。通肩式和袒右肩式的佛裝都源於印度，上衣的右邊衣角繞過頸下搭左肩

❶ 濱州師專黃河三角洲文化研究所．黃河三角洲佛教造像研究[M].2003.

❷ 邵於婷、林振陽、蔡宏政．隋唐至明清之觀音佛像造型研究[M].

❸ 楊維中．中國佛教百科全書·儀軌卷[M].上海：上海古籍出版社，2001，1.

❹ 楊維中．中國佛教百科全書·儀軌卷[M].上海：上海古籍出版社，2001，1.

的，為通肩式。露胸通肩是通肩形式的一種，頸下衣邊垂於胸部呈『U』形。袒右肩，是上衣的右衣角繞過右腋下搭於左肩。但是有些佛像『袒右肩』的方式稍有不同，除左肩和左臂披有袈裟之外，過半的右上身是完全裸露的，下身著裙裝。該區域內的常見佛像，身姿端嚴且容儀具足，頂部有圓形隆起的髮髻，象徵佛的智慧福德圓滿；半睜俯視的眼睛，象徵眼根清淨，專注於內省；眉間的圓點為『白毫相』，意為能放微妙光明；雙耳修長，象徵常聞佛法，耳根清淨；細腰寬肩，結跏趺吉祥坐，蓮花臺座。菩薩像，一般是頭戴寶冠，左右下垂寶帶，寶冠中有化佛，禪帶及佛裝邊緣飾有花卉圖案；又或是頭戴鏤空的卷草紋寶冠，寶冠中以寶相花替代了阿彌陀佛化佛，通身多有臂釧、瓔珞等飾物，裝飾繁瑣，結構細膩。佛像的衣紋處理方面，雖然都是以線刻為主，但不同的佛像衣紋呈現出不同的質感。菩薩類的衣紋，線條自然流暢，展現女性服裝的柔軟質地，而佛陀類造像的衣紋則相對厚重。

此外，在長江流域的一些少數民族地區，由於民族風俗習慣及審美情趣的不同，其服飾風習與漢族地區有很大的差別。在遵循漢地佛裝特徵的基礎上，融入了民族特色，體現出不同的民族風格，從而影響到該地區佛教造像的衣著特徵。一尊雕製於清代乾隆年間的九子觀音像，『九子』形象已頗具湖湘特色，更為特殊的是，觀音的著裝竟是瑤族服飾，且頭飾為特殊的飛鳳冠。該尊被世俗化的九子觀音像，無疑是佛教文化與湖湘少數民族文化結合的產物，是湖湘地區區域佛教文化的藝術珍品。明清時期我國南方的少數民族，普遍是重上裝飾，輕腰下之飾。土家族服飾，常見有『頭裹刺花巾帕，衣裙盡繡花邊』，佩飾特徵有記載『喜垂耳圈，兩耳累然，又有項圈、手圈』。《苗防備覽・苗疆風俗考》有云：『苗服，惟寨長雉髮，餘皆裹頭雉髻，去髭須，短衣跣足，著青布衫，間用黑布絝，腰系紅布，領以尚紅，衣周邊具繡采花於邊。富者以網布束髮，貫以銀簪四五枝，腦後戴二銀圈。左耳貫銀環，如碗大，項圍銀圈，手戴銀釧。』白族服飾，有『要得俏，一身孝』的說法，男子頭戴5尺、7尺或9尺長的白布頭帕，著青佈滿肩的馬褂，而女子則戴繡花撒須白布頭帕，插有各種首飾，佩戴金銀耳環，著繡花圍裙，未婚女子頭梳一兩條辮子，已婚女子是挽髮簪於頭頂或者腦後。以明顯呈現女性裝束特徵的觀音造像為例，可以看出在佛裝方面都頗為注重頭頸裝飾，連天冠化佛這一最典型的特徵，都常被特殊的頭飾替代。有一尊清代的香樟材質聖觀音造像分為兩段，微小的阿彌陀佛像置於觀音像的上部，而不是作為觀音寶冠中的化佛出現。觀音像頭戴蓮花冠，著通肩式袈裟，裝扮簡單，頗具少數民族女子的面容特徵。此外，在一些少數民族地區亦常見有頭梳高髻的蛙冠造像，有頗具道教色彩的頭飾為道冠的造像，又有頭戴鳳冠的造像，甚至在觀音造像中，出現了民間的頭飾——蓋頭，甚至只有在歲時節令或是婚嫁時才佩戴的雲肩，都成為了造像常見著裝之一。

中國佛教的一個重要特點，就是深受中國傳統文化的影響，佛像的圖騰紋樣也呈現出不同的象徵意義，將神靈觀念與社會觀念合為一體，從而增進社會整合及群體凝聚力。造像的『紋飾』特徵，起到烘托佛教神祇視覺形象的重要作用。在此所講的『紋飾』特徵，『紋』為紋樣，『飾』為裝飾。佛像的『紋樣』與『裝飾』，在造像中需要遵循造像儀軌的約束，即便是在這種約束下，佛像的裝飾紋樣及處理手法仍呈現多樣化，有極強的裝飾效果與極高的審美情調，提升了佛像的藝術感染力。

由造像實物所見，我國長江流域佛教造像的裝飾紋樣，大多在圖案的組織中運用了象徵、比擬、寓意和諧音等表現手法，內容以纏枝花卉圖案居多，也會出現一些人物類、動物類紋樣。紋樣在一定的範圍內，由中心向周圍展開。以雲紋、寶相花、蓮花、忍冬花紋最為常見。在佛像的背光裝飾中，也可見到長江中游地區特有的『蓬花』形式。雲紋常用於臺座裝飾，飾有雲紋氣浪形象的安置佛像的臺座又被稱為雲座，多用於護法天神或是佛教高僧造像。祥雲圖案帶有仙界、理想與現實結合的浪漫主義色彩，既可以橫向鋪開，又能自由組合，佛教造像中的雲紋裝飾，以流動的曲線作為紋樣的基本元素，被組合成多種形態，頗具裝飾性。寶相花是佛教中頗具代表性的紋樣，通常以豐滿的團花形式出現。寶相花有雲曲瓣、側卷瓣、正卷瓣及內卷對勾瓣之分，從造型看，佛教造像中的寶相花主要有四瓣花造型和多瓣團花造型，前者呈十字結構，後者是從中心向外鋪開。寶相花紋變化多樣，有碎小的點綴紋樣，又有曲疊的近似於牡丹花的式樣，花瓣飽滿，立體感較強。蓮花用於裝飾佛像寶座及背光等，藝術效果的不同主要體現於蓮瓣的層次及蓮瓣肥瘦的區別上。忍冬纏枝紋屬植物變形紋樣，其延綿不斷的造型特點，有利於增強造像各部位之間的聯繫。工匠們運用多種表現技法，以單獨紋樣或是二方連續、四方連續等形式美的構圖規律，將其組合成各種裝飾紋案，有時還與鳥獸、樹林、蓮花等一起結合成圖案，作為佛像的裝飾。忍冬，又名金銀花，忍經嚴寒卻不凋萎，運用於佛教造像中，寓意人的靈魂不滅、輪回永生。一種文化的推廣，繼而到融匯變異，首先都是立足於本土文化的。長江中游地區的佛教造像中，多有『忍冬紋』，與中游地區的湖南產金銀花有很大關系。❶此外，『蓬花』也是湖南地區最能體現雕技超凡工藝的吉祥圖案，是指所雕花紋，要鏤空、蓬凸於雕刻平面，以多層鏤空雕，結合圓雕、半圓雕，體現雕工的特殊技藝，主要見於木雕造像的背光裝飾。『蓬花』的雕琢技藝，反映了清中期湖南地區追求高難度雕刻技藝的傾向。此種雕刻形式的出現，代表了當時雕刻風格的轉型，一改南宋至元明時期較為粗糙的寫意風格為精工細作的裝飾風格。『蓬花』在工藝技法上，按湖湘地區木雕流派的不同，又可分為『繁複工』（又稱『滿工』）、『粗片工』、『明秀工』、『細枝工』、『豔秀工』、『纖秀工』等師門派支。❷

除上述紋樣之外，長江流域亦不乏很多表現當地圖騰崇拜的紋樣，該類紋樣以動物紋樣居多。例如，常見有魚、龍和佛睦共處的現象。傳統概念中，常以魚形圖案象徵多子多孫。在我

❶ 在我國，金銀花產地除河北巨鹿縣、山東平邑縣、河南封丘縣這三大主產區之外，還有湖南的邵陽市隆回縣。

❷ 胡彬彬.湘西南木雕[M].天津人民出版社，2004.7.

國南方，尤其是南方的一些少數民族地區，常見有魚紋裝飾的佛教造像，是對魚的強盛繁殖能力的一種生殖崇拜，他們有著繁殖氏族人丁的強烈願望。因此，這種對魚的圖騰崇拜以及對送子觀音的崇拜，都具有獨特的民族文化隱語。金魚的出現又常是成雙成對，雙魚這一吉祥紋飾在佛教中常見，雌雄雙魚一般對稱繪製，形似鯉魚，鯉魚優雅、長壽，一貫被視為聖魚。龍在陰陽宇宙概念中代表陽，被人們賦予其興雲雨、利萬物的神性，用於佛教造像，是龍的文化性與宗教性的雙重體現。但在長江流域尤其是中游地區，佛教造像中的龍飾形象，是氏族圖騰與自然神的綜合演化物，有著更為豐富的民族文化內涵。從形式到內涵上有司雨的『從水龍』、象徵祖宗的『旗杆龍』、『捋須龍』，在一些氏族村落至今還保留著椎牛『招龍』的祭祖活動。以龍喻祖，而非皇權。又因祖先總是憐愛兒孫並帶他們玩耍，故不乏『童子戲龍』、『草尾龍』。❶尤其是在苗族地區流傳有許多有關龍的神話，被佛光普照的龍也享受著人們對其虔誠的祭拜。相傳魚是龍子龍孫，關於魚龍互變的記載比較普遍。長江流域的佛教造像中，常見有龍首魚身的形象（鼇魚），寓意獨佔鰲頭。在有些佛像中，背光不再是類似火焰紋的多弧線、多邊飾、大光圈的裝飾形式，而是常出現雕刻有魚和龍的背光，在凸顯裝飾性的同時強調了裝飾題材的文化寓意。當然，不同的民族，有其不同的文化，慣用的圖騰紋樣也會有所不同。比如說，相比苗族的『龍崇拜』，土家族人則崇拜白虎，常以虎為圖騰，白虎又有坐堂白虎與過堂白虎的區別，他們把坐堂白虎看作家神、善神，而將過堂白虎視為邪神、惡神，土家族流傳有『白虎當堂過，無災必有禍』的諺語。

第五章　長江流域佛教造像的文化印記

文化有一個自身發展的穩定結構，法國的費爾南·布羅代爾說過，『一種文明同時意味著恒定和運動。它在一定空間裏連續幾個世紀立足生根和堅守陣地。與此同時，它接納遠近其他文明的某些優點，又把自己的優點向外傳播』。宗教，是文化的一部分，而佛教造像，作為佛教文化藝術表現形式的一種，如同建築、雕像、繪畫等藝術作品，都是反映社會生活的載體，可以反映社會的經濟關係，生產關係和階級關係，也可以反映出一定時間段中人們的政治觀點、法律觀點、道德觀點、宗教觀點、哲學思想和文藝思想，而且還可以反映人們的各種夢想、情感、情緒、願望、審美情趣和審美理想。佛教文化，作為人類活動的產物，於不同地域、民族之間相互影響、互為滲透，而這一過程中，人是最重要的載體。因其地理環境、人居條件及生產生活形態的不同，逐漸形成了不同形態的區域佛教文化，其形成、積累、傳播和變遷的過程，一方面通過民間的管道進行，另一方面，可通過官方教化的方式實現。『在佛教文化和信仰被統治上層接受的時候，他們與其說看重的是佛教的解脫智慧和方法，不如說他們所理解的，是佛教的解脫智慧所賴以表徵的人格偶像，與中國本土性的神、仙、鬼（祖先神靈）的某種相似功用——通過崇奉和祭祀可以獲得對致敬者和奉祀者的佑助，以使其世俗的欲求可以得到保障——似乎並沒有多大差別。所以，統治上層在接受它的時候，對它做得最多的是，賦予它與中國本土固有的神仙們相類似的高級生命屬性的特性和中國本土神學中的宗法製體系，並通過帝王后妃們的設廟祭奉將這種神靈特性灌注到佛教的崇拜對象上，又以建立僧官製度的形式將這種宗法體製移植到佛教寺院的僧人社會中。統治上層的這種對待佛教的態度，對於下層民眾的文化和信仰建構的影響是十分深遠的。』❷以明清時期的官方政策為例。明初，對佛教採取保護政策，並訂立製度約束僧徒，詳訂僧官製，設立僧道衙門，置僧錄司、道錄司，品位高，待遇優。明朝皇帝多信佛教，使佛教有一定發展。清朝皇帝既尊崇儒術又提倡佛教。順治、康熙、雍正、乾隆皇帝，均信佛、禪理，佛教受到尊崇。《龍藏》始刻於雍正，完成於乾隆。乾隆組織人力將大藏經譯為滿文，歷時18年。其時僧侶達34萬人之多。另外清帝還禮遇藏地佛教。順治九年，達賴五世入京受冊封。乾隆五十八年，製定《欽定章程》，進一步確定西藏政教合一的製度。14世紀編成藏文大藏經，明清多次刻印，收典籍4569種，除經、律、論外，還有文學、天文、醫學等內容。❸諸如這些由官方鼓勵支持的佛教文化的積累，均為佛教文化寶庫的一部分，影響著明清時期廣大地區的文化取向。但是區域佛教文化的形成，終究還是依靠民間的管道進行，廣大民眾『不像統治上層對待他們心目中的那些外來神仙那樣，將他們與本土神仙分別設廟安置，以使他們保持一定的區別，而是將佛菩薩這種外來「神」改頭換面地迎請到他們所建立的小廟中，與他們原本所供奉、祭祀、崇依的各種本土神靈共事，最大限度地賦予他們與本土神靈相似的救病、祛禳災殃、賜予子息、佑護草木莊稼和宅院人畜等一系列人世生活所需助力的功用形態，而幾乎完全捨棄了他們作為引導人們走上生命輪回解脫之路的精神導師的功用。被供奉在一座小廟中的佛菩薩與神靈們，雖然有時不免也有宗法式的地位劃分，但很多時候他們只以其救助功用和祭祀儀規相區分。佛菩薩與神靈們共住一廟而且被認為功用相似的現實，還催生出另一種精神產品：由小廟中一些專職祭司或兼職文士依據他們的神學觀念和收集傳說，加工、改造、創編神傳，以適應在他們自己觀念下的祭祀活動的需要。這些神傳當然不同於佛經和道書的正統說法，但它卻被下層民眾們所樂於接受和傳播，並進而作為修廟、塑像、祭祀和文化教育，乃至信仰傳承的普遍依據』。❹

一 民族民俗文化的影響

通過長江流域各個區域的佛教造像來看，影響該區域內佛教造像的，首先是長江流域民族民俗文化，包括婚喪習俗、巫

❶ 胡彬彬.湘西南少數民族建築文化背景及裝飾藝術語言解析——一位田野調查工作者的劄記 [J].第四屆中國建築史學國際研討會論文集，2007.

❷ 魏孔泉.《封神榜》、《西遊記》：明代文士對民間文化和信仰及其藝術表達的集成建構.中國古代小說戲劇研究叢刊·第四輯，2006，P21.

❸ 魏孔泉.《封神榜》、《西遊記》：明代文士對民間文化和信仰及其藝術表達的集成建構.中國古代小說戲劇研究叢刊·第四輯，2006，P21.

❹ 蔣寶德、李鑫生.中國地域文化[M].濟南：山東美術出版社，1997.

術、神話傳說、祭祀儀式等等，尤以少數民族地區最為特殊。婚喪習俗，屬於信仰的物質形式和行為模式，其通過一些特定的儀式，構成了豐富多彩的民族文化。諸如土家族，較為看重人情禮儀，他們用唱山歌和吹木葉的方式表達愛慕之情，婚嫁過程有『合八字』、『取八字』、『送日子』、『過禮』、『哭嫁』等。喪葬儀式，對老人及長輩較為講究，要歷經『入殮』、『戴孝』、『葬禮』、『送葬』、『安葬』、『三朝捉魂』等。苗族的婚嫁相對自由，嫁娶形式簡單，一般先問家姓，姓氏相同者不宜通婚，然後合媒、訂婚，過禮之後結婚。苗族的喪葬儀式，多是實行土葬，麻風患者為火葬，喪葬過程，有巫師參與，先是燒『落氣錢』、『上柳床』，再由巫師『鬥鬼農』，放生死者的魂魄，為子孫留下五穀雜糧，然後殯殮開吊，舅家鬧火把，在『關死門』出喪下葬時，要由巫師『繞喪』、『推禍水』，『關死門』寓意一切的禍害都被死者所帶走了。白族有姑表婚、指腹婚、招贅婚等，還有『坐床』、『上門』和『填房』。白族的喪葬儀式，首先下榻、入殮，再由道士作道場伴靈，然後跳喪、打喪歌、安葬、送火把等。諸如此類的婚喪習俗，成為部分佛教信徒發願或造像的原因，他們將這些儀式過程中樸實的願望，作為發願內容而造佛像，因而對該地區佛教造像的題材有一定的影響力。

所謂巫術，意為人們企圖借助一些神秘的超自然力量，憑藉一定的儀式去影響或控製預期目標的活動。巫術廣泛存在於各種宗教信仰中，用於重大祭祀活動、祈福消災、祛除惡疾以及預言、裁判等，在人類群體不同的宗教訴求中，有很大的影響力，不可避免地影響到佛教造像。長江流域的有些偏遠地區信仰形式較為原始，以致巫術盛行。巫術具有實用價值，從某種程度上講，巫術就是人們用來實現目的的工具，有很多宗教儀式，其實都可以歸入到巫術的範疇中，巫術的題材主要就是人事的題材。在佛教初傳入時，與一些本土的原始巫教如龍神崇拜或是本主崇拜等是有衝突的，二者逐漸融合相互影響，以致出現有吸收了以龍崇拜為主的原始巫教元素的佛教造像，亦有龍被請入佛寺的現象，同時，巫教中也相容了佛經中相關龍王、龍宮的文化意識。

神話傳說，也是在佛教造像中常被引入的題材。民間流傳的很多動人的神話傳說，多為祭奠曾帶領群眾開天闢地的聖賢們，他們世世代代地被人敬仰，兼具著審美和信仰的職能。由古代流傳下來的神話傳說，為人們的精神創造提供了素材。長江流域的民間佛教造像，有些就是糅合了來自於民間傳說中諸如創世神、守護神、祖神等區域性的神崇拜觀念。土家族的神話傳說裏，流傳有很多古代英雄的故事，極具傳奇色彩，如《八部大神》故事中，相傳有一母誕下八個兄弟，從小喝獅子、老虎、豹子的奶長大，專為人間打抱不平，開闢了良田沃土，而後土家人以擺手活動紀念八部大神。苗族流傳有許多懲惡揚善、去邪從正以及求子求福題材的神話故事，這些傳說，是歷代人們一種情感需求的寄託，聯繫到佛教文化，便衍變成各種宗教訴求，於造像記中，記載有頗多的類似祈福、祛疾、求財、求子之類的願望。苗族有一個關於『踩蘆笙節』的傳說：受乾旱困擾，苗族人民祈求保佑的虔誠之心感動了上蒼，一條口含寶珠的青龍騰空而降，帶來了傾盆大雨，人們為紀念青龍特設『踩蘆笙節』。這一神話傳說，解釋了該地區人們對龍圖騰的崇拜，有龍紋樣出現在佛教造像中也就不足為奇了。

儀式強化信仰，各異的宗教儀式和實踐，都具備一定的基本社會功能和心理作用。任何宗教都有其特有的儀式，通過儀式表達宗教觀念。臺灣人類學家李亦園認為：宗教祭儀是不同傳統層次最易見分野的部分。大傳統的上層士紳文化著重於形式的表達，習慣於優雅的言辭，趨向於哲理的思維，並且關照於社會秩序倫理關係上面；而小傳統的民間文化則不善於形式的表達和哲理的思維，大都以日常生活的所需為範疇而出發，因此是現實而功利，直接而樸質的。❶以此理論來比照，我們不妨將長江流域漢族地區的傳統文化歸入為大傳統文化的範圍，將少數民族地區的民族特色視為小傳統文化，二者的區別便顯而易見了。少數民族地區的祭祀儀式，更具世俗性，與各種民族節日及民俗活動有密切聯繫。

整個長江流域，有14個民族自治州和32個民族自治縣，其中有13個民族的人口在10萬人以上，賦予該地區豐富多彩的區域文化，獨特的少數民族本土文化與信眾的心理需求相結合，從而產生了特殊的區域性佛教文化。不同的地區，不同的民族，有其形態各異的文化圈，在各種文化圈裏，人們按照本民族特有的習俗，創造自己的生活方式，由此形成了連接民族群體的社會紐帶。在長江流域的很多地區都流行祭祖之俗，民間有很多人家都設有神龕，逢節慶日如農曆的初一、十五等都會有祭祀活動，其中以清明節、七月半及春節期間為祭祀的高峰期，在有婚嫁、生子、喪葬、吉慶等家族大事時也都要祭祀，只是祭祀的對象有所不同。尤其是少數民族地區的習俗更為多樣化。土家族有隆重的『趕年』（他們比漢族的除夕提前一天過年，相傳是因為窮苦的先輩們為避開土匪騷擾而提前一天過團圓年）、正月初三到初七的『社巴節』、拜土王以保家族昌盛繁榮的『六月六』；苗族地區有農曆三月初三的歌會、載歌載舞的四月八『跳花節』、頗具民族特色的『龍船節』、每年小暑後第一個卯日的『吃新節』、六月六的『趕歌節』、七月十五的『踩蘆笙堂』、立秋時節的『趕秋波』、紀念民族英雄的『保冬節』；白族則有自己的『冬至祭祖節』和『本主節』等。

二 信仰文化的影响

信仰文化對長江流域佛教造像的影響。也是重要的佛教造像是一種宗教行為，是一項具有儀式性質的宗教活動，其因各個時代、不同地域的文化傳統會呈現不同的造像樣式，信眾們以『我認為佛是如此』的態度，按照『我認為的樣式』進行造像。佛像之差別來源於個人對佛的感觀差別，而個人對佛的感觀則又受到其所處的歷史、地理環境的影響，地方宗教、地方圖形等文化傳統促進了各具特色的區域佛教造像。

❶ 李亦園：人類的視野[M]．上海：上海文藝出版社，1996．

宗教，是複雜的社會文化現象，早期人類學家泰勒認為，宗教即是對精神存在的信仰，從人類學方面，民間信仰也是一種重要的宗教類型。各種神靈信仰和儀式，構成文化的基本特質，同時，也構成社會形態的表現方式。心理學、功能主義、象徵主義，都從某種程度上解釋了信仰文化的內涵特徵，即自發性、多元性和世俗性。同時，分析各區域間的信仰文化，需要認識到這種文化的多樣性、整體性及相對性的特徵，人類社會各種不同的生活方式之間，具有一定的穩定性。儘管不同地域、民族間的文化存在差異，但總會有共同的供分析的單元和要素。

任何信仰的產生，都出於心理的原因，尤其是處於社會底層的人們，是各種災難的主要受害人群，民間神靈的存在便成了他們緩解心理壓力的慰藉之一，因此，這種信仰文化具有一定的實用功利性，長江流域的民間信仰也不例外。對於百姓來說，已將求神拜佛視為日常生活的一部分，神以造像的形式呈現，如此的神靈信仰，曾引來官方以此控製民眾，明太祖朱元璋祭厲壇有文：『凡我一縣內人民倘有頑惡奸邪不良之徒，神必報於城隍，發露其事，使遭官府，輕則笞決杖斷，不得號為良民，重則徒流絞斬，不得生還鄉里，若事未發露必遭陰譴，使舉家並染瘟疫，六畜田蠶不利，如有良善正直之人，神必達於城隍，暗加保護，使其家道安和，農事順利，父母妻子保守鄉里。』❶明清兩代統治者對於民間信仰往往有選擇地加以提倡，朱明立國之初，朱元璋便大封天下城隍神，同時又命『中書省下郡縣訪求應祀神祇，名山大川，聖地明王，忠臣烈士，凡有功於社稷及惠愛在民者據實以聞，著於祀典令有司歲時致祭。』到了清代，更是『報功崇德，祠祀之著於會典者視昔加隆』。❷

民間崇拜的神靈譜系龐雜，其內容多與祭祀、禮儀、占卜等相關，很多情形下，他們以巫術或宗教的方式看待世界，不乏較古老的文化殘存。正是這些作為文化的歷史證據的殘存，鮮明地反映出本土信仰文化的演進過程。

佛教世俗化的不斷加深，佛教思想與民間信仰的結合是中國佛教發展的一大特色。佛教的業報輪回理論傳入後，與中國傳統的靈魂不滅觀念相結合，認為人死後根據生前所行善惡，依業受報，或升天受樂，或下地獄受苦，成為廣大佛教徒乃至一般民眾信奉的主要宗教觀念之一。隨著淨土信仰的普及，中國傳統的上天、玉帝的形象逐漸與大慈大悲的佛、菩薩相融合，抽象的『上天』概念越來越為生動具體的佛國淨土所取代。在一般民眾心裏，神佛往往不分佛教、道教地和傳統民間信仰融合在一起，道觀佛寺裏出現了佛道神靈並祀的現象。此外，佛教對中國民俗的影響也在不斷加深。對佛教因果報應、輪回轉生等教義的信仰，使燒香拜佛、許願還願、佈施齋僧、超度亡靈等在許多地方都成為民間的習俗。一些佛教節日受傳統民間習俗的影響而形成，又反過來給傳統習俗披上了濃厚的佛教色彩。❸

佛教文化與我國的傳統文化之間，有著依附——滲入——融合的漫長過程，佛教教義講究『因果報應』，而我國傳統文化中有相應的『積善之家，必有餘慶；積不善之家，必有餘殃』之說；佛教中有『靈魂不滅』的概念，而在傳統文化中亦有『故形有靡而神未嘗化』的精神，這些是佛教文化與區域文化的相同之處，但是，區域佛教文化有其獨特性，相應的，區域佛教造像也有其自身的發展序列，呈現本土化特徵。

長江流域信仰體系龐雜，在不同的地區因不同需要會有不同的信仰，其原始信仰的遺留隨處可見。本土的自然崇拜、祖先崇拜及鬼神崇拜等，與巫術文化緊密相連，有普遍的信鬼崇巫現象。土家族常將現實生活中所遇災難歸之於對自然神靈的觸犯，同時將五穀豐登、六畜興旺等吉兆視為自然神靈的恩賜，自然崇拜之風盛行，造像記中常見『財糧廣進、六畜興旺』等字樣。土家族信奉多神，並以善惡區分，圖騰崇拜中以白虎崇拜最多。苗族崇拜龍，定期有『接龍』活動，信仰『盤瓠』（《後漢書·南蠻傳》記載：『昔高辛氏有犬戎之寇，帝患其侵暴，而征伐不克。乃訪募天下，有能得犬戎之將吳將軍頭者，賜黃金千鎰，邑萬家，又妻以少女……下令之後，盤瓠遂銜人頭造闕下，群臣怪而診之，乃吳將軍首也……帝不得以，乃以女配盤瓠。盤瓠得女，負而走入南山，止石室中。身處險絕，人跡不至。』『經三年，生子一十二人，六男六女，盤瓠死後，因自相夫妻……其後滋蔓，號曰「蠻夷」。』❹）崇拜『儺公』、『儺母』、崇拜社會性的神（諸如白帝天王、馬王、土地神、麻陽大王、飛山公主等等）。白族信仰的主神為『本主』，為村社的保護神，祖先崇拜在白族地區也實屬常見，此外，白族信奉白教，即道教支派的三元教。

佛教造像，作為區域佛教文化重要的表現形式，不可能是空中樓閣，不可避免地會受到該地各種少數民族本土文化的影響，而產生被當地人理解並欣賞的造像形式。同時，漢族的傳統文化，也影響著少數民族的宗教文化，而造像作為佛教教義的傳播載體，勢必受到感染。以漢族文化傳統的孝親思想為例，自古便有『不孝有三，無後為大』的觀念，認為『不娶無子，絕先祖祀』，是最大的不孝。此觀念，對少數民族地區的影響尤為明顯，尤其是在客觀生存條件較為惡劣的區域。在長江流域的很多少數民族地區，流傳有眾多的求子風俗。一些婚後無子的夫妻，會用造像發願的方式訴求生育，祈求『早賜麒麟、人發千丁』等。基於對家族繁衍的強烈訴求，體現生殖崇拜的送子觀音像才頗為常見。

❶ 鄧琳．虞鄉志略，卷3祀典．

❷ 王建．民間信仰視野下的國家與社會[D]．蘇州大學，2002．

❸ 洪修平、許穎．佛學問答[M]．中國人民大學出版社，2009．

❹ 田金霞、余勇、薑紅瑩．湘西北少數民族文化與旅遊發展研究[M]．長沙：湖南大學出版社，2008．

下編　圖版與說明

九子觀音爲湖湘特有的觀音形象。該尊木質九子觀音像，因年代久遠，像身被腐蝕，現清晰可見的衹有七個童子。觀音一改『天冠化佛』的程式特徵，而是頭戴蛙冠，梳高髻。爲通俗的老婦形象，面相和藹，體現了觀音造像的世俗化。該尊觀音身著交領寬袖衣，懷抱三子，左右肩各有一童子，其中左肩的童子已損毀；觀音臺座前分别有四個童子，正中間的兩童子頭梳高髻。該尊觀音像尚存絲質造像記，内容如下：『信人鄧氏稼生及妯譚氏　誠感聖觀音娘娘賜予□繼嗣厚恩　謹造此像受祥　信人武岡川西岩村鄧稼生妯譚香英擇吉日香叩　造匠　傅□□　□宋□元豐三年四月十五日吉辰』從造像記可知，該尊造像的發願人爲湖南武岡川西岩村的鄧稼生和譚香英，造像緣由是爲感謝觀音娘娘賜予子嗣。

宋代　蛙冠九子觀音像

材質：香樟，長：68厘米，寬：48厘米

明代 銅質彌勒佛像

彌勒佛爲未來佛，是未來世界的主宰者，是現世的菩薩及未來的佛，『彌勒』，有慈悲爲懷之意。彌勒原本的形象有種種説法，都是很莊嚴的。在『竪三世』中，常見的形象是《慈氏菩薩略修愈誐念誦法》卷下《畫像品》中所描述的頭戴五如來冠，右手持蓮花，於花上置法界塔印，左手作説法印，結跏趺坐。圖中這尊彌勒菩薩袒腹大肚，笑容可掬，極具中國化的造像特徵。自北宋起，大肚彌勒取代了彌勒的莊嚴相而成爲彌勒在中國的化身相，相傳是以浙江四明名叫契此的布袋和尚爲藍本塑造的。彌勒屈膝張足而坐，展現一副不拘禮節的姿態。常見對聯：大肚能容，容天下難容諸事；開口便笑，笑世上可笑之人。該造像具有佛的相好特徵，依照菩薩的裝束塑造，頭戴天冠，類似佛經中所謂的『天男形』。

明代　石雕彌勒造像

該彌勒剃髮圓頂，光頭現丘比相，面相富貴祥和，雙耳垂肩，笑口大張，袒胸露腹，下身著裙裝，左手拽衣放於腰間，右手持一串佛珠置於右膝上，輪王坐。《阿彌陀經疏》有云：『或言彌勒，此言慈氏。由此多修慈心，多入慈定，故言慈氏，修慈最勝，名無能勝。』據記載彌勒佛常懷慈悲之心，在民間廣爲流行，得以普遍信奉。該石雕造像，面部表情自然，衣紋處理得當，比例勻稱，生動地展現了喜笑顏開的笑口彌勒形象。

明代 銅鎏金佛像

該佛像面相豐滿端莊，眼睛微閉俯視，表情静穆柔和，像身的金色充足，衣紋的處理有較强的質感，是漢地所常用的寫實手法。佛像身披袒右肩式袈裟，結禪定印，又稱法界定印，是一種象徵心無雜念、進入冥想狀態的印相。

明代 銅鎏金觀音像

該觀音像頭戴寶冠，左右下垂寶帶，寶冠中有化佛，即坐於蓮花形臺座上的阿彌陀佛像，寶冠底部有雲紋，紋飾體現出明代特點，該時期的雲紋裝飾，紋飾主體一般爲團狀雲頭，周邊爲帶狀雲紋。身著通肩袈裟，襌帶及佛裝邊緣飾有花卉圖案，與雲紋相間，與明代婦女服飾特徵相呼應。當時的女裝，裙上常綉有纏折枝花紋，或於裙幅下邊一到二寸的位置綉花邊，作爲壓脚；還有一種名爲『腰子』的内衣，爲寬幅的紗綾，横纏胸前，有刺綉。觀音像於膝上仰左手，右手仰於左手之上，兩手拇指的指頭相接，爲襌定印（法界定印），結跏趺吉祥坐。

明代　銅鎏金觀音像

觀音是菩薩像中造像形式最多且最復雜的。其主張『隨類化度』，依照衆生不同的身份及因緣，而化身爲不同的身份度化。此觀音像，頭戴鏤空的卷草紋寶冠，寶冠中以寶相花替代了阿彌陀佛化佛，胸垂瓔珞，雙手執如意於胸前，結跏趺坐於蓮花寶座上。

此觀音像除頭戴卷草紋裝飾的寶冠之外，并無其他過於華麗的裝飾，頸部項飾下方雕刻有寶相花紋，項飾和臂釧均較爲簡潔，像身裝束與阿彌陀佛像近似。

明代　木雕鎏金觀音像

明代　銅質菩薩立像

相好莊嚴，未飾瓔珞，右手持念珠，左手握右手腕於腹前。念珠，正名爲『數珠』，意爲記數所用之珠，又稱『珠數』、『誦珠』、『咒珠』等，佛家佩戴念珠，有提醒道念之用，莊嚴威儀。

明代　騎獅文殊像

該尊銅鎏金文殊菩薩，身騎獅子，在佛教教義中，以獅子象徵勇猛，由此襯托專司智慧的文殊菩薩智慧超群。在各宗派中，普賢菩薩是被廣泛學習的榜樣，在民間也被廣爲流傳。此造像基本遵循文殊菩薩的程式儀軌，首戴天冠，身著袈裟，胸前佩戴項圈、瓔珞。

明代　文殊菩薩像

此尊銅鎏金文殊菩薩，面相豐滿圓潤，長眉入鬢，身披袈裟，通身飾瓔珞，極爲華貴富麗，雙手結禪定印，結跏趺坐於蓮花座上。服飾有諸多的寶相花裝飾，明代的佛教裝飾藝術及植物花卉題材運用廣泛，尤其是寶相花紋樣，成爲裝飾畫的主要摹本之一。佛教中的寶相花，最初是由蓮花紋樣演變而成的。在明代的佛教造像中，該紋樣的花芯與花瓣基部，均作圓珠狀規則排列，有富貴莊重、吉祥如意之寓意。

明代 竹雕觀音童子像

在佛教各類造像中，觀音像的種類繁多，最爲常見。圖中觀音，形象似明朝仕女，頭梳髮髻，眼瞼低垂，手腕藏於衣袖内，整體感覺秀美肅静、惟妙惟肖。衣紋飄逸流暢，工藝細膩，映襯出竹雕的質感。在佛教形象中，童子本身并無明確的宗教屬性，因而極力展現兒童固有的天真爛漫、伶俐可愛，圖中的觀音童子像，亦是如此。

明代 黄楊木雕拜佛童子像

拜佛童子像在我國民間十分流行，常被置於觀音像一側，組合成『童子拜觀音』，一副天真的孩童模樣，但是在佛教教義中，拜佛童子都是已成佛的聖者。黄楊木爲湖南地區的本土材質，木質堅固，其紋理細致光潔，顏色有深淺過渡，頗具古樸美感，以此材質雕刻童子像，更添活潑生動之靈性。

清代　木雕觀音像

此觀音像造型精美，頭戴寶冠，頂有化佛，身披天衣，戴有項飾、瓔珞等。左手持净瓶，右手結印。倒置的净瓶，象徵平和安康；倒出净水，意爲普渡衆生。裙擺自然下垂，結跏趺坐於一層蓮花座上。

清代 銅鎏金觀音像

頭戴天冠，天冠中有阿彌陀佛像，這是觀音菩薩與其他菩薩的重要區別，《往生禮贊偈》有偈語：『西方阿彌陀佛，觀音頂戴冠中住。』頭戴阿彌陀佛像表示能降服外道魔障。坐姿菩薩肩扛拂子，雙腿盤緊，右脚壓在左腿上，結跏趺呈吉祥坐於千葉蓮的蓮花形臺座上，底部尚有銅鎏金底座支撑。爲成道相，左手手心向上横放於右脚上，是禪定的意思，名爲『定印』；右手下垂，爲『觸地印』。該觀音像符合中國化菩薩造像的一貫特徵，面目温柔，頗具貴族美貌婦女氣質。胸前裸露，領口呈U字形，相比印度造像暴露身體的習俗，體現出中國化的造像有選擇地接受古印度佛教教義和造像特徵。依稀可見衣飾紋樣中有寶相花紋，清代寶相花紋常被用作輔紋來襯托主紋，從而提升裝飾效果。

清代　十八臂觀音像　材質：香樟

該尊木雕鎏金觀音像，頭戴天冠，天冠中有化佛。有兩臂於胸前合掌，其餘十六臂分居觀音的左右兩側，結不同手印。觀音身著天衣，結跏趺坐於三層蓮花瓣上，蓮花座底部又有髹紅漆的雙層臺座。

明代　銅質佛像

金銅佛像是南傳或北傳佛教均大量使用的造佛方式。該造像頂部有圓形隆起的髮髻，象徵佛的智慧福德圓滿；半睁俯視的眼睛，象徵眼根清净，專注於內省；眉間的圓點爲『白毫相』，意爲能放微妙光明；雙耳修長，象徵常聞佛法，耳根清净；細腰寬肩，結跏趺吉祥坐蓮花臺座；造像身姿端嚴且容儀具足，以佛像之美，映照佛法之美。此佛像吸收了印度教造像的特徵，上半身赤裸，僅有簡單的瓔珞裝飾，反映出佛教造像的承襲關係。

清代　送子觀音像

該尊觀音造像爲香樟木鎏金像，保存完好。最明顯的區别於傳統觀音造像的特徵爲頭披蓋頭，這是我國南方少數民族地區的一種女子裝束，一條薄紗，或蓋于頭上，或繫在髮髻上。觀音目光下垂，俯視着左手懷抱的童子，典型的慈母形象。觀音身披通肩式袈裟，右手置于竪起的右膝上，輪王座。臺座也并非常見的蓮花座，而是一圓形的木墩。

明晚期　送子觀音像

材質：香樟

由中國村落文化研究中心所藏長江流域尤其是中游湖南地區的佛教造像來看，木質觀音像中香樟材質較多。此尊木雕鎏金像是典型的世俗化的送子觀音造像，爲普通的民間婦女形象，梳髮髻，披頭巾。觀音的左手作轉法輪印，右手於背後托住背上的童子，身體向前微傾。身著寬袖衣，通身衣紋流暢，無瓔珞、臂釧等裝飾。

明晚期　送子觀音像

該尊木雕送子觀音像有三個童子，觀音左手懷抱一個童子，另有兩童子立于膝前。常見的送子觀音形象多是觀音菩薩懷抱一子，童子數量爲一、三、五、七、九不等的送子觀音就顯得極爲特殊，多發現于長江中游地區。中國傳統文化中，關於『三』這個數量詞有不同的釋義，如道家的『一生二，二生三，三生萬物』之説，『三』代表『精、氣、神』，是一切萬物的組合元素，與紅、黄、藍三原色能調和出五顔六色是相似的原理。這尊三子的送子觀音像同樣是無天冠化佛的。其實由中國村落文化研究中心所藏實物很容易看出，幾乎所有的送子觀音像都是不同于程式化觀音造像的，多爲特定區域内的民間婦女形象，造型和著裝均有明顯的地域特徵，是觀音造像中最具世俗化特徵的一種類型。

清代　送子觀音像

實物可清晰地分辨出木質觀音像表面的彩漆顏色，觀音頭披蓋頭，身著通肩式的袈裟，雙手懷抱一童子，輪王坐。對應蓮花臺座，觀音的左右兩側有髹綠色漆的葉子，代表荷葉。蓮花臺座下面有髹紅色漆的基座，兩邊有雲紋造型作裝飾。

明代　楊柳觀音像

楊柳觀音，又被稱爲藥王觀音，是民間供奉較多的觀音類型之一。其顯著特徵是手執净瓶、楊柳枝。關於楊柳觀音，有『大悲楊柳觀世音　哀愍淪溺拔苦疾　普入諸趣恒示現　令脱流轉超出塵』的記載。該尊楊柳觀音像面龐圓潤豐滿，頭頂圓形髮髻，雙手捧净瓶于胸前，身披通肩袈裟，端莊秀麗，綫條柔美流暢，站立于圓形臺座之上。

清代　十六臂觀音像　材質：香樟

該尊觀音像造型復雜，背光和臺座的紋飾都具有很强的裝飾性且有特殊的文化寓意。舟形背光雕工精細，正上方盤踞着一條龍，龍雖然衹是一種圖騰而并非真實存在的虛擬生物，却是中華民族所共同敬奉的流傳至今的圖騰神。在長江流域的一些少數民族地區，人們把龍視爲祖先，被賦予極爲神聖的意義。由實物依稀可見該龍圖騰爲四趾龍。在元代以前，龍圖騰多是三趾龍；明清時期以四趾龍或五趾龍居多，其中五趾龍圖騰是皇家使用的，民間常見是三趾龍或四趾龍。觀音頭戴天冠，冠中有化佛，身披通肩衣，有兩臂合掌於胸前，下又有兩臂交叠於腿上結禪定印，其餘各臂分置於觀音的左右兩側，或結手印，或執法器。在蓮花臺座的兩側又分別立有雙手作揖的兩童子，底座刻有對稱的植物紋樣。整尊造像體現出清代繁瑣細膩的藝術風格，配以木雕鎏金工藝，更顯華麗。

居中的聖觀音裝束與我國程式化觀音造像基本吻合，頭戴天冠，天冠中有化佛，耳後垂落兩飄帶，身著通肩式袈裟，兩手作禪定印，結全跏趺坐。觀音左右兩側金童玉女站立於蓮蓬上，作童子拜觀音狀。

宋代 聖觀音像 材質：木雕鎏金，髹紅漆

清代　十二臂觀音像

香樟木鎏金像，背後有舟形背光，觀音頭戴天冠，面部含笑，精致地刻畫出了觀音菩薩的慈眉善目形象。此十二臂觀音，有兩臂合掌於胸前，另有兩臂手掌向上交疊於腿上作禪定印，其餘各手臂分居兩側執法器或是結手印。該尊造像的蓮花座蓮瓣較大，造像藝匠們常通過蓮瓣的多少、大小或肥瘦不同來表現不同的視覺效果。

清代 送子觀音像

送子觀音是觀音菩薩慈悲爲懷的最佳體現，也因觀音有送子功能，所以在民間觀音菩薩的地位，往往是高于佛祖釋迦牟尼的。送子觀音除廣泛遍布於各寺廟外，也常見於普通人家。在民間，送子觀音一般被稱爲『送子娘娘』，按照不同的童子數量，也有相應的稱謂，比如童子數爲九的，俗稱『九子娘娘』。中國化的送子觀音，一直廣受民衆愛戴，一方面是受到儒家『不孝有三，無後爲大』思想的影響，另一方面是受到我國自古以來『多子多福』觀念的影響。該尊送子觀音像，雙手簇擁三童子，慈眉善目端坐於蓮花座上。頭戴天冠，無化佛，有簡單的雲紋和卷草紋裝飾。

清代　送子觀音像

該尊木雕鎏金觀音像，無天冠化佛，頭披蓋頭搭于雙肩，左手懷抱一童子，輪王坐姿，臺座不再是傳統的蓮花座，而是以荷葉代之。荷葉髹綠漆，整體造像有金色、紅色、綠色以及原木色組成，在色彩未脱落之前，應是非常精美。觀音背後爲菩提樹式的背光造型，右上方有一童子，中間透空，左右分别擺放着净瓶和一長方形的器物。

清代　送子觀音像

該木質送子觀音有七個童子，觀音懷抱一童子，其餘各童子都是獨尊立像。由童子數量來看，該尊造像爲長江中游地區所造，中游地區的送子觀音童子數量最爲豐富，有一、三、五、七、九不等。奇數被視爲陽數，民間的送子觀音像童子數量均爲奇數，表達出人們求男丁的願望。最上部有乘坐白馬的阿彌陀佛坐像作爲化佛，四個童子分居化佛兩側。觀音像居于正中，頭戴天冠，天冠上飾有寶相花紋。寶相花有吉祥、美滿之意，是盛行于隋唐時期的一種傳統植物花卉紋樣，後來元明清時期的器物上多以寶相花紋作裝飾。觀音豎右膝，以輪王坐坐於蓮花臺座上，蓮花座的周邊，雕刻有大片的荷葉。

清代　送子觀音像

該尊髹彩漆的木雕送子觀音，無天冠及化佛，頭披蓋頭，懷抱一童子。長江流域居家供奉的民間造像，嚴格遵循佛教造像程式儀軌雕琢的并不多見，造像工匠們多以現實中的人物作爲藍本來雕造佛像，因此，民間造像有着自身豐富多彩的藝術表現形式。該尊觀音像無瓔珞、臂釧等裝飾，身著通肩衣，輪王坐姿，就是普通的民間婦女形象。也正是隨着民間造像的這種『世俗化』發展，民衆更加覺得佛教造像離他們的生活很近，佛教神祇也隨之成爲了家喻户曉的無所不能的『神』被供奉着。

清代　送子觀音像

該尊送子觀音像，面部姣好，儼然一幅綫描圖，完美地展現出清秀佳人的形象。從觀音的著裝、坐姿以及刻畫手法等方面看，該尊造像與民間的祖先畫像有异曲同工之處。觀音懷中的童子，面部同樣也是以綫描手法刻畫。造像整體呈現出肅静、清秀之美。

清代『輪王坐』觀音像

香樟木鎏金觀音像，披頭巾，輪王坐。底部臺座飾有水紋，外露魚頭魚尾，魚在水中游，表達造像者祈望和諧、順利等吉兆。魚與『餘』諧音，象徵『富貴有餘』、『連年有餘』。清代的魚圖騰一般以寫實居多，與水紋組合，如魚得水、魚水相投都是吉祥之意。

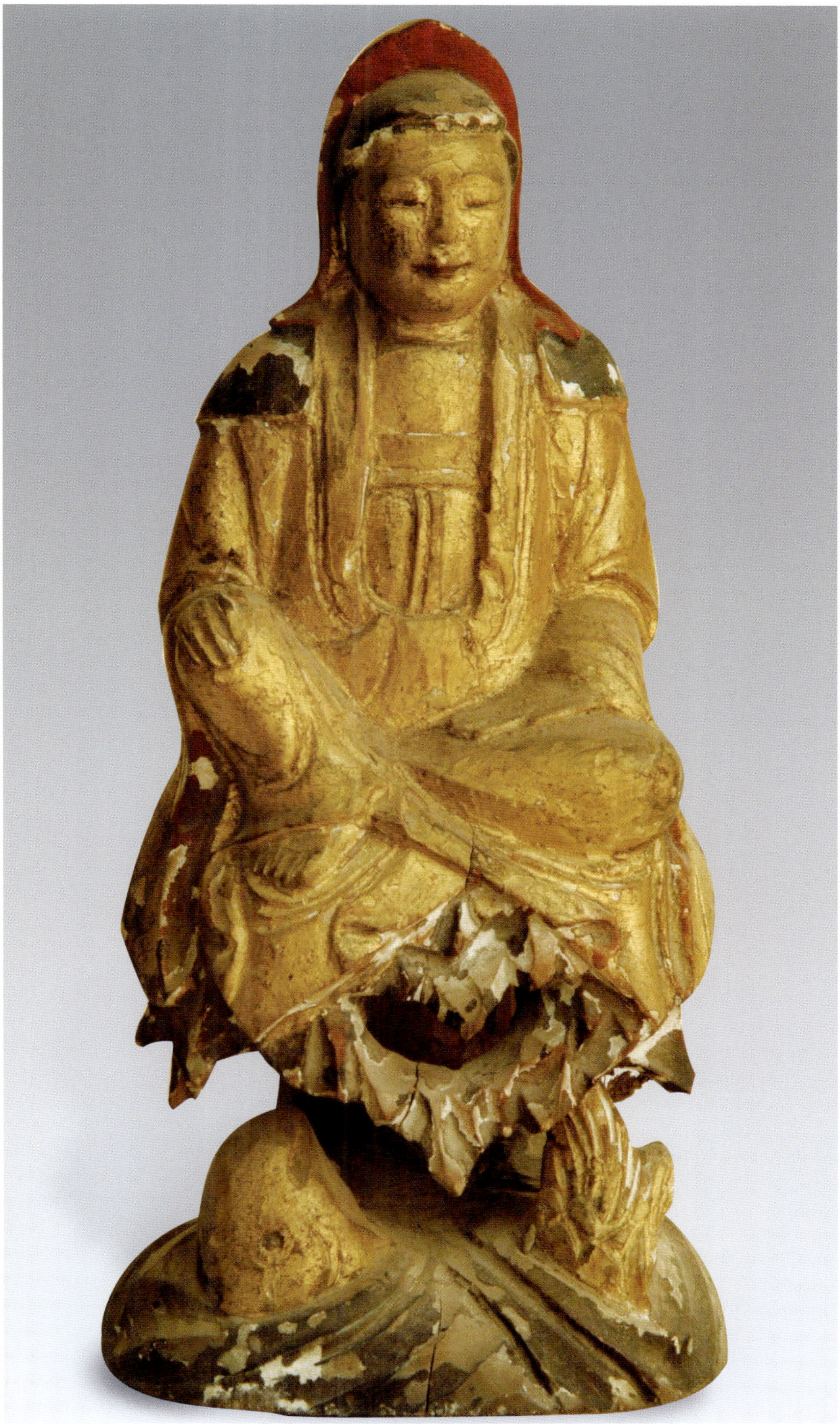

清代「輪王坐」觀音像

該尊觀音材質爲香樟木。香樟木質重而硬，有很好的防蟲防霉效果，以此爲原料雕刻造像，易於長期保存。觀音頭戴高冠，頸飾瓔珞，身披通肩袈裟，輪王坐。臺座較高，上部爲蓮花座。

明代『輪王坐』觀音

該尊木雕鎏金觀音像琢刻非常精美，五官端正優美，眉眼上挑，面孔略瘦，十足的典雅美女形象。盤起的髮髻，直至現代都不失爲流行髮飾。觀音呈輪王坐坐姿，無臺座。

元代　木雕佛像

該佛像有很好的曲綫感，雕琢工藝極其精致，雖是人工雕刻，但其質感與一次成型的金銅佛像相比，有過之而無不及。佛像頭向右傾，雙眼微閉，若有所思，雙手交疊置於右膝上，輪王坐坐姿。佛像的神態安詳、放鬆，配以柔美曲綫造型，給人祥和、寧靜之感。

元代　木雕佛像

元代 陶質佛像

明代 三世佛像

唐代 石雕觀音像

南北朝　青銅鎏金菩薩像

南北朝　銅鎏金佛像

明代　銅鎏金思維菩薩像

長沙窑佛頭像

元代陶質佛像

東漢　青銅摇錢樹佛像

七佛摇錢樹像

明代　持瓶觀音像

該持瓶觀音形象生動，綫條清晰，材質爲象牙。净瓶之制始於印度，後隨佛教傳入我國，于唐宋時期較爲流行，瓶身細長，至元、明以後瓶頸較短，清以後，則逐漸演變成爲直頸。觀音梳高髻，披頭巾，右手持净瓶，左手置於竪起的左膝上，右腿盤起，通身的曲綫刻畫，更好地展現了象牙晶瑩細膩的材質之美。

宋代　瓷質觀音像

明代　觀世音菩薩像　材質：金絲楠木，高：28厘米

金絲楠木是罕見的珍貴木材，此材質光澤性很好，由像身可見點狀皮孔，紋理細密光滑。該造像無天冠，體現本土的女性裝束特徵。

袒胸露乳，以女性慈母形象出現，富有女性特徵。習俗中，因《搜神記》以及道教徒附會的影響，一般將觀世音菩薩視爲女性，其實，在觀世音菩薩的無邊相貌中，衹是其中一種爲女身，在隋唐時代，中國的觀音像就多蓄有胡須。如圖所示的九子觀音像，慈眉善目，神態安詳，體現觀世音菩薩的慈悲爲懷，『衆生被困厄，無量苦逼身；觀音妙智力，解救世間苦』。據《法華經》卷七《普門品》記載，送子觀音像并不屬於觀世音菩薩的三十三種應化身，在《佛像圖匯》的三十三體觀音外，送子觀音是最爲有名的。該九子觀音像善跏趺坐，無髮冠及化佛，無寶珠、瓔珞等裝飾物，頭戴唐巾，身著通肩袈裟，雙手各執一童子吮吸母乳。九個童子，均著圓領長衫，或趴於雙肩，或吮吸母乳，或繞膝嬉戲，令這尊雕像生動傳神，母性十足，不失爲送子觀音像中頗具代表性的經典之作。一、三、五、七、九的童子數量，與陰陽意識有關，體現出少數民族地區信衆求男丁的願望。

明代 九子觀音像 材質：香樟木雕，長56厘米，寬36厘米

明代　千手觀音像　材質：香樟，高：40厘米，寬：36厘米

此觀音爲十二臂觀音像，面目清秀，技法傳神如描畫之妝容。身穿半臂天衣，結跏趺坐。置於胸前的右手殘缺，左手持法器；仰置於足上、腹前的兩手相疊，右手壓左掌。其餘八臂自背部向外伸展，作法印或持有法器。

該十八臂鎏金觀音像，屬密教化的造像。據記載，多頭多臂造像，都是承襲印度教神像的特徵。結跏趺坐於須彌三層仰蓮瓣的臺座上，材質爲湖南地區常見的香樟木，是傳統的稀有名貴木材，材質本身能散發特殊的濃鬱香氣，從而有防潮防蛀及驅霉隔潮的功能，經年不衰，頗具實用性。觀音頭戴寶冠，冠中有阿彌陀佛佛像，圓輪頭光，身著天衣、披帛，身後有舟形背光，背光上部雕有兩條龍狀物，而非普遍的化佛型式。龍的原始神性是水物之長的象徵，用于佛教造像，是龍的文化性與宗教性的雙重體現，是少數民族地區所常見的自然崇拜。佛教在進入少數民族地區後，形成與原生佛教有差异的新型佛教，龍這個傳統的藝術形象隨之被佛教藝術吸納，使之披上了佛教文化色彩。千手觀音，是六觀音中主救度地獄一切衆生的怙主，在《千光眼觀自在菩薩秘密法經》中說：『大悲觀自在，具足百千手，其眼亦復然，作世間父母，能施衆生願。』這裏的『千』，是代表無量、圓滿之義，也就是『千手』象徵此觀音大悲利他的方便無量廣大。圖中十八臂觀音，有兩臂合於胸前作法印，另有兩臂掌心向上置於膝上作法界定印，其餘各手各作法印，或執法器。各種經軌中記載的千手觀音的形象并不相同，圖中所示，類似於《千手千眼觀世音菩薩姥陀羅尼身經》中關於十八臂觀音的記載：『首戴寶冠，冠有化佛。其正大手有十八臂，先以二手當心合掌，一手把金剛杵，一手把三戟叉，一手把梵夾，一手把寶印，一手把錫杖，一手掌寶珠，一手把寶輪，一手把開敷蓮花，一手把羂索，一手把楊枝，一手把數珠，一手把澡罐，一手施出甘露，一手施出種種寶雨，施之無畏，又以二手當臍，右押左仰掌。』

明代 木質千手觀音像

清代 觀音像

此木雕鎏金的觀音像身披袈裟，結禪定印，全跏趺坐於蓮花座上。天冠造型簡單，一改天冠化佛的造型特徵，對佛像的面部表情做了細致的處理，尤其是眼部和唇部，盡顯女性的精致之美。蓮花寶座下方另有木質底座支撐，正前方雕刻有蓮花和卷草紋樣，呈對稱布局。

造像的上部，小龕内有化佛，袒胸大肚似彌勒。化佛的左側，有一手捧壽桃的猴子，象徵福壽平安、健康吉祥。造像中部爲一尊左手執净瓶、右手結法印的觀音，頭戴天冠，身著通肩袈裟，結跏趺呈吉祥坐於蓮花臺座上。造像呈現出龍、魚與佛和睦共處的情景。少數民族地區，有許多有關龍的神話，被佛光普照的龍，也享受着人們對其虔誠的祭拜。相傳魚是龍子龍孫，關於魚龍互變的記載比較普遍。此尊造像嵌入龍與魚的形象，是少數民族地區特有的圖騰崇拜的反映，也是古代生育意識的遺留，將婦女生育的原因歸功爲龍神，且在少數民族政權中有一定的權利象徵。因此，龍與魚的形象，爲滿足人們的宗教需要而在各式造像中屢次出現。另有兩童子衣著各异，分别在觀音的左右兩側站立於祥雲之上，祥雲在傳統文化中象徵和諧共融。底部臺座不爲常見，雕刻有對稱的花草紋樣，與整尊木質雕像結合起來，在體量感方面，對稱均衡。雕刻精細，構成元素豐富多樣，體現了造型之美，直觀地體現出少數民族地區的圖騰崇拜。

清代 樓臺式佛與菩薩像

材質：木雕鎏金

清代　香樟材質聖觀音像

材質：木雕鎏金，飾紅漆

像的背後是鏤空的舟形背光，頭戴天冠，四片冠葉呈平板狀，并無化佛。面相慈祥，身著通肩式袈裟，雙手結禪定印。衣擺自然下垂，結跏趺坐，左側有龍女，右側有善財童子，分別站立於一片荷葉上

清代 香樟材質聖觀音像

因香樟木防蟲防蛀的特質，該木質造像雖做工繁雜但保存完整。造像分爲兩段，阿彌陀佛像置於觀音像的上部，不再作爲觀音寶冠中的化佛出現。觀音像頭戴蓮花冠，著通肩式袈裟，佩戴瓔珞，雙手結禪定印，結跏趺坐。觀音造像的左右兩側，各站立一位身軀比例相等、雙手執笏的童子。觀音像的背後類似樹的造型，體現少數民族地區對樹神的崇拜，尤其是土家族。土家族崇拜的樹神大致有三種，古樹、果木樹以及開花的樹。古老的大樹在當地被視爲村寨的守護神，果樹崇拜則是源于自古流傳的『果實之需』觀念，土家族視花樹爲生命的象徵，因此，當地人崇拜花樹，是對美好前程的向往。

清代『輪王坐』聖觀音像

材質：香樟木鎏金

此觀音像，以蓋頭替代了觀音寶冠，頭頂依稀可見有化佛。身著通肩袈裟，左手自然置於身體左側，右手持念珠放於右膝上，形態如菩薩裝彌勒。觀音的左側有善財童子，右側有龍女，此組合頗爲常見。佛經中有記載，善財童子爲古印度福城長者家中的五百童子之一，名字的來由，據説是因爲生其時家中突然涌出了種種珍寶，之後善財童子經文殊菩薩教化，參訪名師，最終得以在普賢菩薩那裏開悟成佛。龍女，則爲龍王之女，因聽文殊菩薩説法而頓悟佛理，繼而成佛。善財童子和龍女侍奉于觀音左右側，正是向信衆傳達自身『漸悟』和『頓悟』的兩條修行路。

清代　變形觀音像

此觀音造像的組合陳列尤爲特別，屬佛、道交融的産物。從整體造型來看，可分爲四段構造，中央最大的造像爲頭戴道冠的觀音像，身著通肩袈裟，手持如意，輪王坐；頂層中央有結跏趺坐的阿彌陀佛像，有兩脅侍居於左右兩側；中間的兩段架構，有形態各异的八位侍者分布於觀音的周圍；底層有四個相互作揖的小雕像，神態、造型各具特色。此組合造像，匯集了十六個大小不一的雕像，爲現存珍貴的兼具佛、道色彩且體現出少數民族文化的群雕。

清代「輪王坐」觀音像 材質：香樟

該觀音造像工藝復雜，雕刻精細，屬佛龕像，觀音居于菩提樹下，左右各有龍頭護持，與少數民族地區樹神崇拜及龍崇拜的信仰文化相呼應。觀音像頭飾蓋頭，著通肩袈裟，雙手分別自然地擱置於兩膝上，輪王坐，底座的正前方，内嵌式雕刻有三尊小型天人像。

據像背龕內的造像記記載，此像爲湖南城步地區一蕭姓信衆于康熙年間所造。城步苗族自治縣，苗、漢、侗、瑶等民族和睦共處，其中苗族占53.8%。造像的衣飾方面，有苗族服飾特色，挽高髻於頂，服飾圖案采用綫描式的植物紋樣輪廓，注重頭頸裝飾。明清時期的造像，多爲發願者心願之體現，送子觀音，反映信衆求子嗣的宗教訴求。觀音懷抱一童子，左右各有三個童子或嬉戲作樂或合掌祈禱，另有兩童子立於正前方。童子數量爲九，一方面與陰陽意識有關，表達信衆求男丁的願望，由此可見，男權思想在少數民族地區根深蒂固；另一方面，九在漢語中是個吉利數字，古人認爲天有九重，天神是住在九重天，在中國傳統文化中，九是至高無上的。

清代　九子觀音像

材質：香樟，帶底座　高：38厘米，寬：26厘米

清代　佛像木質雕版　來自少數民族地區

十二個精巧的佛像形象均屬聲聞形造像，直立式立像，剃髮，圓輪頭光，身披通肩式袈裟，雙手作合掌印，兩手當胸，豎掌緊合。

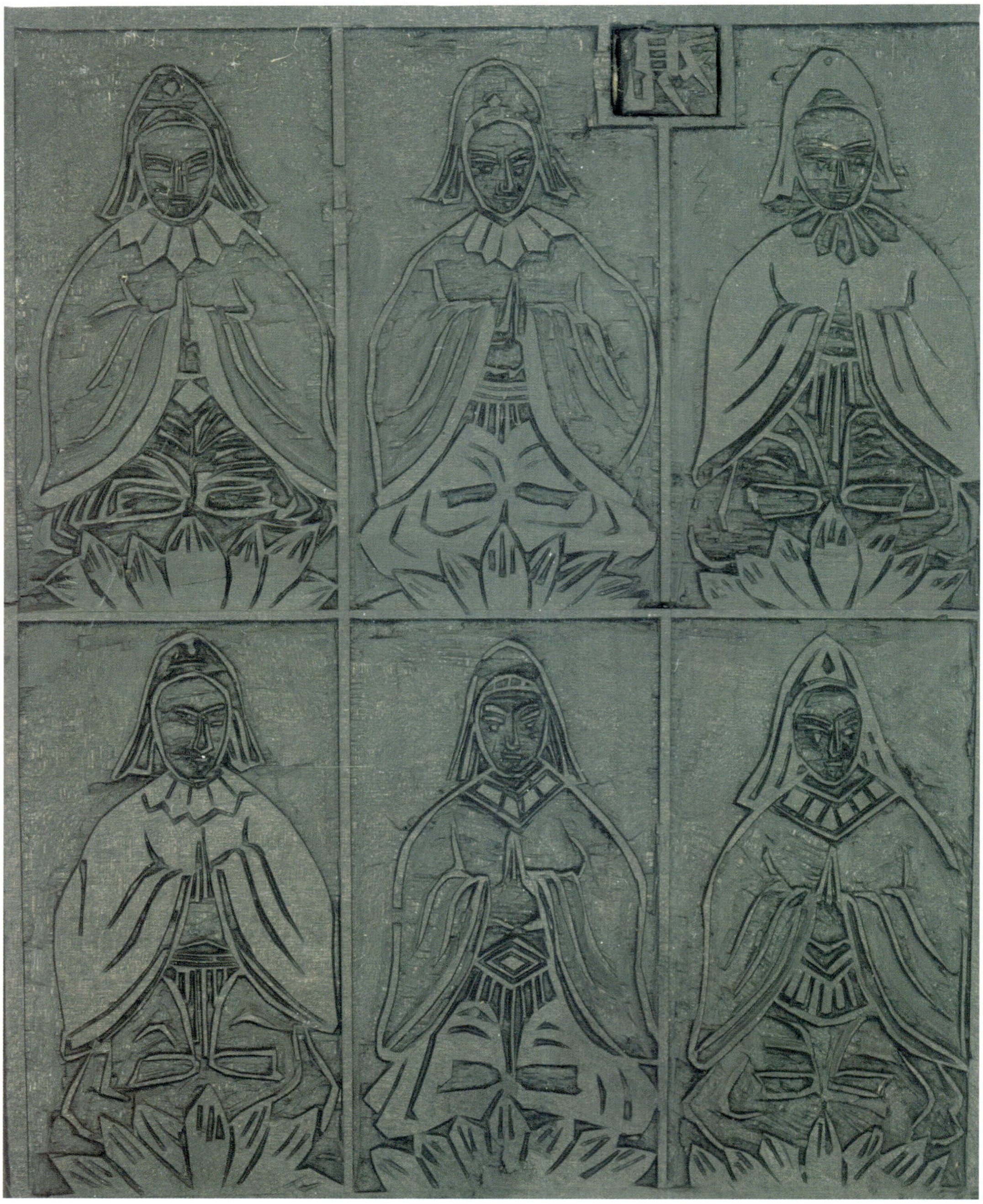

清代 觀音像木質雕版 來自少數民族地區

雕版中六個觀音像神態、服飾特徵各异，同坐於蓮花座上，雙手作合掌印，兩手當胸，竪掌緊合。各觀音像的面相慈善柔和，著通肩式袈裟。

元代 木雕佛像

南朝梁 石雕佛坐像

魏晉　青銅鎏金禮佛供養人像

該組禮佛供養人造像共有五位，手捧香爐，按高低秩序依次排列。供養人眼窩深陷，神態静謐而安詳，身披希臘長衫模樣的袈裟，頗具犍陀羅的形制特徵。由這種模式統一的單身列隊像來看，這是較早時期的供養人像，没有主從關係以及儀仗行列，發展到後來尤其是隋唐以後，供養人像往往是增加了行列的層次，或是將供養人像加入到佛、菩薩列像中。

青銅佛像

唐代 青銅佛像

明代 銅鎏金觀音像

南朝梁　佛教造像碑

唐代　善業泥造像

唐代　石雕佛頭像

宋代 佛像磚

該佛像磚高度爲26厘米。從造像的載體來看，該佛像的年份較早，但是佛像身披袈裟，結跏趺坐，已具備佛教造像基本的程式儀軌特徵。

宋代 送子觀音像

唐代 石質觀音像

唐代 石質佛頭像

南朝梁 石雕佛頭像

宋代 石雕佛坐像

南朝梁　佛教造像碑

石雕佛坐像

魏晉　青銅鎏金佛像

明代　木質鎏金佛像

清代 木雕鎏金觀音像

清代 佛像

明代　銅鎏金菩薩

明代　銅質佛像

唐代　泥塑觀音像

該尊觀音像無天冠化佛，耳後下垂兩條辮子，身披袈裟，結跏趺坐。觀音的豐腴造型，體現出唐代以豐腴爲美的審美取向。觀音神態極其安詳，同時又給人傲慢不羈之感。

唐代 石雕佛頭像

南朝梁 石雕佛頭像

明代　佛像

明代　銅質菩薩像

明代 銅鎏金菩薩

明代 銅鎏金觀音

清代 送子觀音

清代 聖觀音

明代　觀音像

清代　木質佛像

明代　銅鎏金觀音像

明代　佛像

明代 銅質觀音像

清代 聖觀音像

明代 聖觀音像

清代 聖觀音像

明代 聖觀音像

明代　觀音像

清代　木雕鎏金觀音像

明代　木雕鎏金觀音像

明代　聖觀音像

清代　木質觀音像

清代　持瓶觀音像

清代　觀音像

明代　銅質觀音像

明代　聖觀音像

清代　木雕觀音像

明代 佛像

明代　佛像

清代　木雕鎏金觀音像

明代　觀音像

清代　觀音像

明代 十一面觀音像

清代 木雕觀音像

明代 送子觀音像

清代 持瓶觀音像

清代 聖觀音像

清代 觀音像

宋代 觀音像

清代 童子像

明代 觀音像

清代 木雕鎏金觀音像

明代 佛像

清代 觀音像

清代 木雕觀音像

清代　觀音像

清代　木質觀音像

明代 佛像

明代 「輪王坐」觀音像

清代 聖觀音像

清代 觀音像

清代　持瓶觀音像

明代　觀音像

清代 「輪王坐」觀音像

清代 木雕鎏金觀音像

清代「輪王坐」觀音像

明代「輪王坐」觀音像

清代　聖觀音像

清代　觀音像

清代　木質觀音像

明代　木質觀音像

明代　木雕佛像

清代　木雕鎏金觀音像

清代 彌勒造像

清代 木雕觀音像

清代 木雕觀音像

明代 木雕觀音像

清代 木雕鎏金觀音像

明代　木雕鎏金佛像

清代　聖觀音像

清代　聖觀音像

清代　「輪王坐」觀音像

清代 觀音像

清代 「輪王坐」觀音像

清代　木質觀音像

清代　聖觀音像

清代 「輪王坐」觀音像

明代 持經觀音像

明代 「輪王坐」觀音像

清代 聖觀音像

明代　木質觀音像

明代　聖觀音像

清代 木雕觀音像

清代「輪王坐」觀音像

明代　木雕觀音像

清代　聖觀音像

明代　持瓶觀音像

明代　觀音像

清代　木質佛像

清代　聖觀音像

清代 木雕觀音像

清代 木雕觀音像

明代 佛像

明代 佛像

清代　木雕鎏金觀音像

清代　木雕鎏金觀音像

清代　木雕鎏金觀音像

明代　送子觀音像

明代 佛像

明代 聖觀音像

明代 佛像

清代　聖觀音像

清代　木雕鎏金觀音像

明代　聖觀音像

明代　木質觀音像

明晚期　送子觀音像

清代　觀音像

明代　羅漢像

明代　木雕鎏金佛像

清代　木雕鎏金觀音像

清代　拜佛童子像

明代　騎獅文殊菩薩像

清代　木雕觀音像

清代 木雕觀音像

明代 木質觀音像

明代　四臂觀音像

明代　木質觀音像

明代　木雕鎏金觀音像

明代 木雕鎏金觀音像

清代 聖觀音像

明代 楊柳觀音像

明代 騎獅文殊像

明代 騎獅文殊像

明代 銅質觀音像

魏晋　佛像

明代　觀音像

明代 觀音像

清代 聖觀音像

明代 觀音像

明代　佛像

清代　聖觀音像

明代 佛像

明代 「輪王坐」觀音像

明代 佛像

明代 佛像

清代 觀音像

明代 佛像

明代 銅鎏金觀音像

明代 銅鎏金佛像

明代 木雕觀音像

明代 佛像

明代 木雕觀音像

明代 青銅佛頭像

明代 文殊菩薩像

明代 觀音像

南北朝 青銅鎏金菩薩像

南北朝 青銅鎏金菩薩像

明代　木雕鎏金觀音像

明代　持瓶觀音像

明代　銅鎏金觀音像

明代　青銅鎏金觀音像

明代　佛像

清代　八臂觀音像

明代　觀音像

明代　銅鎏金普賢菩薩像

明代　銅鎏金觀音像

明代　青銅觀音像

明代 青銅觀音像

明代 青銅觀音像

明代　佛像

明代　青銅鎏金宗喀巴像

明代　佛像

明代　青銅鎏金菩薩像

明代　銅鎏金像

明代　青銅鎏金觀音像

明代　佛像

明代　青銅觀音像

明代　佛像

明代　佛像

明代　觀音像

明代「輪王坐」觀音像

明代 觀音像

清代 佛像

明代「輪王坐」觀音像

明代 木雕觀音像

清代 木雕觀音像

明代　六臂觀音像

魏晋　菩薩像

明代　青銅菩薩像

明代　觀音像

明代 佛像

明代 觀音像

明代　十二臂觀音像

清代　送子觀音像

清代　木雕觀音像

清代 聖觀音像

清代 送子觀音像

清代 木雕鎏金觀音像

明代 持瓶觀音像

明代『輪王坐』觀音像

明代 木雕觀音像

清代 木雕觀音像

明代 羅漢像

清代「輪王坐」觀音像

清代　木雕觀音像

明代　木雕觀音像

清代「輪王坐」觀音像

後記

佛教自西漢末年傳入我國，作爲佛教文化重要物質遺存的佛教造像便隨之而來。其體系龐大、品類繁多，兼具宗教、藝術、工藝等多方面的研究價值。佛教造像有平面的圖像和立體的造像兩種形式。從佛像的常見形象來看，有佛形、菩薩形、聲聞形、忿怒形、童子形以及天人形等類型。在造型規則方面，爲了統一佛教造像的塑造標準，捨利弗編寫了《佛説造像量度經》，對佛像的身軀比例以及各部位的造型都有詳細的説明。

中國化的佛教，在與本土文化長期滲透、交融的過程中，衍生出具有鮮明的地域特徵與民族特色的佛教造像藝術。本書所論述的佛教造像，來自長江流域的各個區域，内容涵蓋長江沿綫各省、市、縣的石窟寺造像、摩崖石刻造像、寺廟造像以及家居供奉的各類造像，系湖南大學中國村落文化研究中心多年的田野考察所得。這些由專題田野考察所獲取的不同歷史時期、不同地域的佛教造像，受當時期政治、經濟、文化的影響以及不同地理區域的作用，在程式與儀軌、組合與一般供設程式、材料與工藝、造型與風格、功能與作用等方面，體現出佛教造像的文化、民族、藝術價值和史料價值，由此可揭示出中國化佛教的源流與發展規律以及嬗變原因。通過對這些實物資料進行深入系統的研究，我們可以發現，因長江流域特殊的人文地理環境背景以及特殊的地域與民族審美觀，該區域的佛教造像不僅具有一定的歷史演變脉絡，而且與北方佛教造像相比，從造型到工藝，均有着不容忽視的差异性。由此反映出地域和民族文化對佛教造像藝術的影響，也折射出該區域内信衆普遍的心理需求。

佛教造像藝術，作爲佛教藝術的類别之一，無疑是服務于佛教的教理、教義的。因此，從某種意義上講，佛教造像是佛教文化的載體，具有極其重要的歷史、文化意義。

書中所涉佛像，系湖南大學中國村落文化研究中心二十餘年田野考察所獲的第一手資料，翔實可靠、彌足珍貴，在證史、補史等方面對學術研究有着重大貢獻。這些實物資料，早自東漢，晚至清末，對這些各個歷史時期、不同地域的佛像進行搜集、整理，實屬不易。尤其是信衆居家供奉的一類佛像，多爲木質造像，年代久遠且保存完好的木雕造像，極爲罕見。我們將湖南大學中國村落文化研究中心所藏的長江流域各個時期的佛教造像整理出版，將其放在廣闊、深遠的歷史、文化、藝術背景中加以考量，旨在從較深層次上展現出佛教傳入我國以後，在長江流域的流播狀況以及該區域内民衆的信仰特點。本書從實物資料的收集、拍攝、文獻資料的整理到文字部分的撰寫、校對，都凝聚着湖南大學中國村落文化研究中心相關科研人員的共同努力，在此深表感謝。

因時間和精力有限，我們對長江流域佛教造像現有的研究并不全面，還有許多方面我們會進行深入系統的後續研究，也希望會有更多的學者能從本書所涉的佛教造像中找到新的突破口，不斷深化長江流域民俗文化與藝術遺存的相關研究。

李方

2013 年5月于長沙